生产性服务业对农业
全要素生产率的影响研究

郝一帆　著

中国金融出版社

责任编辑：张怡姮
责任校对：李俊英
责任印制：陈晓川

图书在版编目（CIP）数据

生产性服务业对农业全要素生产率的影响研究／郝一帆著．—北京：中国
金融出版社，2020.10
ISBN 978 - 7 - 5220 - 0761 - 8

Ⅰ.①生…　Ⅱ.①郝…　Ⅲ.①生产服务—服务业—影响—农业生产—劳
动生产率—研究—中国　Ⅳ.①F726.9 ②F323.5

中国版本图书馆 CIP 数据核字（2020）第 160692 号

生产性服务业对农业全要素生产率的影响研究
SHENGCHANXING FUWUYE DUI NONGYE QUANYAOSU SHENGCHANLÜ DE YINGXIANG YANJIU

出版
发行　**中国金融出版社**

社址　北京市丰台区益泽路 2 号
市场开发部　（010）66024766，63805472，63439533（传真）
网 上 书 店　http：//www.chinafph.com
　　　　　　　（010）66024766，63372837（传真）
读者服务部　（010）66070833，62568380
邮编　100071
经销　新华书店
印刷　北京七彩京通数码快印有限公司
尺寸　169 毫米 ×239 毫米
印张　14
字数　200 千
版次　2020 年 10 月第 1 版
印次　2020 年 10 月第 1 次印刷
定价　48.00 元
ISBN 978 - 7 - 5220 - 0761 - 8
如出现印装错误本社负责调换　联系电话(010)63263947

前　言

　　近年来的中央"一号文件"和《乡村振兴战略规划（2018—2022年)》明确提出，要持续提高农业创新力、竞争力和全要素生产率，加快实现由农业大国向农业强国转变。这从国家战略层面阐释了提升农业全要素生产率对当前农业发展的重要性。因此，如何有效提升农业全要素生产率就成了新时代下政府和学术界亟待解决的现实难题。其中加快生产性服务业发展为这一问题的解决提供了一种有效途径，而关于生产性服务业支农的话题也日益受到政府和学术界的重视。党中央、国务院多次强调，要实现生产性服务业与农业在更高水平上有机融合。然而，学术界往往更加关注生产性服务业对制造业的影响，忽视了农业发展同样需要生产性服务业的支持。目前，关于生产性服务业支农的相关研究尚不多见，特别是鲜有文献对生产性服务业与农业全要素生产率之间的关联性问题做出较为系统的探讨。因此，研究生产性服务业驱动农业全要素生产率提升的相关问题就具有重要的学术价值与现实意义。

　　在国内外相关文献研究基础上，按照"理论分析—实证检验—政策建议"的逻辑思路，本书综合运用规范分析与实证分析相结合、定性分析与定量分析的研究方法，较为系统地考察研究了我国生产性服务业对农业全要素生产率的影响。首先，从理论上对生产性服务业影响农业全要素生产率进行探讨，重点阐释生产性服务业规模增长和空间集聚对农业全要素生产率的作用机理；其次，基于产业增长和产业集聚的双重视角，分别对生产性服务业影响农业全要素生产率的总体效应、结构效应和动态效应进行了实证检验；最后，提出了生产性服务业促进农业全要素生产率提升的相关对策。具体的研究结论如下：

第一，中国生产性服务业规模和集聚水平均表现出一定的增长态势，且具有明显的结构异质性和地区不平衡特征，生产性服务业发展的区域差异总体呈扩大趋势；农业全要素生产率总体上表现为明显的波动增长特征，技术进步是全要素生产率增长的主要动力，而技术效率则对其产生了一定的"拖累效应"；东部地区、中部地区和西部地区的农业全要素生产率均保持了明显的增长态势，且总体表现为东部地区＞西部地区＞全国＞中部地区；全国及三大地区农业全要素生产率、技术效率、技术进步均存在明显的 σ 收敛、绝对 β 收敛和条件 β 收敛。

第二，生产性服务业增长抑或集聚，均显著地推动了农业全要素生产率水平提升，但前者的积极影响效果明显强于后者；生产性服务业集聚和增长均通过推动技术进步来提升农业全要素生产率，其对技术效率则产生了不同程度的抑制作用；生产性服务业支农溢出具有显著的空间异质性，在农村固定资产投资强度较低、工业化程度较低、农村生产性基础设施水平较高的地区，生产性服务业集聚支农的溢出效应较小，而生产性服务业规模增长的作用则恰恰相反。

第三，生产性服务业对农业全要素生产率的影响具有显著的异质结构效应。在水利、环境和公共设施管理业，金融业，交通运输、仓储和邮政业，科学研究、技术服务业等细分产业中，规模增长对农业全要素生产率产生了明显的促进影响，而批发零售业、租赁和商务服务业增长的作用则相对有限；仅水利、环境和公共设施管理业、金融业对农业全要素生产率具有积极影响，其他产业集聚的正向外部性并不明显，交通运输、仓储和邮政业，租赁和商务服务业集聚甚至产生了消极影响。

第四，生产性服务业集聚对农业全要素生产率有着正向且边际效率递减的非线性特征，其对农业技术进步和农业技术效率的影响分别具有显著的正向且边际效率递减和不显著的倒 N 形非线性规律；生产性服务业增长对农业全要素生产率的影响具有正向且边际效率递增的非线性特征，其对农业技术进步和农业技术效率的影响分别具有一定的正向且边际效率递增和倒 U 形非线性特征；只有生产性服务业规模增长到一定程度时，才会最大限度地驱动生产性服务业集聚对农业全要素生产率的积极影响，而在较低的生产性服务业集聚水平条件下，会更有利于生产性服务业增长对农业全要素生产率的积极影响。

第五，有效发挥生产性服务业的支农溢出效应不能忽视外部因素的制约和调节。提升农户经营规模能有效规避生产性服务业集聚支农的边际递减效应，还可明显强化生产性服务业增长对农业全要素生产率的积极影响；在城市化约束下，生产性服务业集聚、生产性服务业增长分别对农业全要素生产率产生了显著的 U 形和正向且边际效率递增的非线性特征；在城乡收入差距约束下，生产性服务业集聚对农业全要素生产率的影响存在倒 U 形特征，生产性服务业增长则对农业全要素生产率产生了显著的正向且边际效率递减影响。

目　录

第一章　绪论 ……………………………………………… 1

　1.1　研究背景 …………………………………………… 1

　1.2　研究目的及意义 …………………………………… 4

　　1.2.1　研究目的 ……………………………………… 4

　　1.2.2　研究意义 ……………………………………… 5

　1.3　国内外研究现状与述评 …………………………… 7

　　1.3.1　国外研究现状 ………………………………… 7

　　1.3.2　国内研究现状 ………………………………… 12

　　1.3.3　国内外研究述评 ……………………………… 20

　1.4　研究思路与内容、拟采取的研究方法和技术路线 … 23

　　1.4.1　研究思路与内容 ……………………………… 23

　　1.4.2　研究方法 ……………………………………… 26

　　1.4.3　技术路线 ……………………………………… 27

　1.5　研究的创新之处 …………………………………… 29

第二章　生产性服务业对农业全要素生产率影响的

　　　　理论分析 ……………………………………… 31

　2.1　相关概念解析 ……………………………………… 31

　　2.1.1　生产性服务业的内涵界定 …………………… 31

　　2.1.2　农业全要素生产率的内涵界定 ……………… 32

　2.2　生产性服务业影响农业全要素生产率的理论依据 … 34

2.2.1　产业关联理论 ………………………………………… 34

2.2.2　专业分工理论 ………………………………………… 35

2.2.3　交易成本理论 ………………………………………… 36

2.2.4　产业集聚理论 ………………………………………… 37

2.2.5　不平衡增长理论 ……………………………………… 39

2.3　生产性服务业影响农业全要素生产率的作用机理 … 40

2.3.1　基于生产性服务业增长角度的作用机理 ……… 40

2.3.2　基于生产性服务业集聚角度的作用机理 ……… 45

2.4　生产性服务业影响农业全要素生产率的分析框架 … 49

2.5　本章小结 ………………………………………………… 52

第三章　中国生产性服务业发展的特征事实及差异分析 ……… 53

3.1　生产性服务业的分类及特征 ………………………… 53

3.1.1　生产性服务业的分类 ……………………………… 53

3.1.2　生产性服务业的特征 ……………………………… 55

3.2　中国生产性服务业增长的特征事实及差异 ………… 58

3.2.1　生产性服务业增长的总体特征及差异 ………… 58

3.2.2　生产性服务业增长的结构特征及差异 ………… 62

3.3　中国生产性服务业集聚的特征事实及差异 ………… 66

3.3.1　生产性服务业集聚的总体特征及差异 ………… 66

3.3.2　生产性服务业集聚的结构特征及差异 ………… 69

3.4　本章小结 ………………………………………………… 73

第四章　中国农业全要素生产率增长特征及收敛性分析 ……… 75

4.1　研究方法与指标设计 ………………………………… 75

4.1.1　研究方法 …………………………………………… 75

4.1.2　数据说明及指标选取 ……………………………… 79

4.2　中国农业全要素生产率测度及分析 ……………… 80

4.2.1　中国农业全要素生产率的时序特征 ………… 80

4.2.2　中国农业全要素生产率的省际特征 ………… 83

4.2.3　中国农业全要素生产率的区域特征 ………… 87

4.3　中国农业全要素生产率收敛性分析 ……………… 89

4.3.1　中国农业全要素生产率的 σ 收敛 ………… 89

4.3.2　中国农业全要素生产率的 β 收敛 ………… 91

4.4　本章小结 ………………………………………… 94

第五章　生产性服务业对农业全要素生产率影响的总体
　　　　效应分析 …………………………………… 96

5.1　计量模型与变量设定 ……………………………… 96

5.1.1　计量模型构建 ………………………………… 96

5.1.2　数据与变量说明 ……………………………… 100

5.1.3　数据说明与描述统计 ………………………… 102

5.2　总体效应检验及分析 ……………………………… 105

5.2.1　模型与数据可靠性检验 ……………………… 105

5.2.2　全国层面的实证检验 ………………………… 109

5.2.3　作用路径检验 ………………………………… 112

5.2.4　空间异质效应检验 …………………………… 113

5.2.5　稳健性检验及内生性处理 …………………… 116

5.3　本章小结 ………………………………………… 117

第六章　生产性服务业对农业全要素生产率影响的结构
　　　　效应分析 …………………………………… 119

6.1　计量模型与变量设定 ……………………………… 119

6.1.1　计量模型构建 ………………………………… 119

6.1.2　数据与变量说明 ……………………………… 123

6.1.3　数据说明与描述统计 ………………………… 125

6.2　结构效应检验及分析 ……………………………… 129

　　6.2.1　模型与数据可靠性检验 …………………… 129

　　6.2.2　生产性服务业增长支农的"结构效应"分析 … 130

　　6.2.3　生产性服务业集聚支农的"结构效应"分析 … 133

6.3　稳健性检验及内生性处理 ………………………… 135

6.4　本章小结 …………………………………………… 139

第七章　生产性服务业对农业全要素生产率影响的动态

　　　　效应分析 ……………………………………… 141

7.1　计量模型与变量设定 ……………………………… 141

　　7.1.1　计量模型构建 ………………………………… 141

　　7.1.2　变量设计与数据说明 ………………………… 145

7.2　生产性服务业对农业全要素生产率影响的动态

　　　效应检验 ……………………………………… 147

　　7.2.1　基于产业集聚角度的检验及分析 …………… 147

　　7.2.2　基于产业增长角度的检验及分析 …………… 153

7.3　生产性服务业对农业全要素生产率影响的动态

　　　约束机制 ……………………………………… 157

　　7.3.1　基于产业集聚角度的约束机制 ……………… 157

　　7.3.2　基于产业增长角度的约束机制 ……………… 164

7.4　稳健性检验和内生性处理 ………………………… 169

7.5　本章小结 …………………………………………… 170

第八章　生产性服务业促进农业全要素生产率的政策设计 … 172

8.1　提高全要素生产率，推动农业高质量发展 ……… 172

　　8.1.1　加大科技支农力度，促进农业科技进步 …… 172

　　8.1.2　提高资源使用效率，改善农业技术效率 …… 173

　　8.1.3　优化农业发展模式，实现高质量协调发展 …… 174

8.2　加快推动生产性服务业和农业的深度融合 ………… 175

8.2.1　推动农业服务外包化、市场化 ……………… 175

8.2.2　采用增长优先、集聚次之的产业融合策略 …… 176

8.2.3　搭建生产性服务业与农业的互动平台 ……… 177

8.2.4　优化生产性服务业与农业的融合环境 ……… 178

8.3　构建动态化、差异化的政策支撑体系 ………… 179

8.3.1　实施动态化的生产性服务业支农政策 ……… 179

8.3.2　实施差异化的生产性服务业支农政策 ……… 181

8.3.3　考虑到生产性服务业支农政策的约束化 …… 182

8.4　本章小结 ……………………………………… 183

结束语 ……………………………………………… 184

参考文献 …………………………………………… 188

后记 ………………………………………………… 208

第一章 绪 论

1.1 研究背景

当前，中国经济已经进入高速增长转向中高速增长的新时代。新时代下的农业经济发展呈现出速度变化、结构优化和动力转化三大鲜明特征，归根结底是要提高农业全要素生产率和加快转变农业发展方式。然而，中国农业发展仍面临着结构不合理、竞争力弱、资源过度开发、投入品过量使用、环境污染、粗放式增长普遍存在等一系列现实难题。为了有效攻克农业发展中诸多矛盾，在2016年的中央"一号文件"中，国家明确指出要加快推进农业供给侧结构性改革，2016年底的中央农村工作会议再次将加快农业供给侧结构性改革提上议程，政策指挥棒从"着力加强"变为"深入推进"，为今后较长一段时期内的农业经济发展提供了指引。习近平总书记在十九大报告中也明确指出，以供给侧结构性改革为主线，提高全要素生产率。在2018年中央一号文件和《关于实施乡村振兴战略的意见》中，国家层面再次发出了必须提高农业全要素生产率，加快推动我国实现农业大国向农业强国的转变的政策指引。2019年中央一号文件和《政府工作报告》进一步强调，要推进农业由增产导向转向提质导向。国家层面政策的密集出台，进一步强调了提升农业全要素生产率对农业可持续发展的重要意义。而从现实情况来看，中国农业经济正处于由要素驱动向创新驱动和效率驱动转变的关键时刻，这预示着提高农业全要素生产率已然成为实现这一转变的决定性因素。从理论上看，深入推动农业供给侧结构性改革，就必须打破长期以来阻碍农业生产要素流动的各种障碍，持续降低农业生产成本，提高农业资源配置效率，即着重推进农业全要素生产率水平改善。毫无疑问，新时代下如何有效提高农业全要素生产率，已成为我国农业可持续发展必须完成的现实难题，既是推进农业供给侧结构性改革的应有之义，也是保证农业安全和实现农业稳定发展的重要源泉。

作为"三农领域"研究的重点课题，农业全要素生产率（Total Factor Productivity，TFP）一直备受理论界和政策制定者的关注，是农业经济学领域研究农业增长绩效或质量的重要指标。对中国这样的发展中国家，农业全要素生产率增长很长一段时间内都是国民财富增长的核心（Johnson，1997）。提高农业全要素生产率的好处在于：一是改善农村贫困和增加农民收入，二是提供了非农产业发展所需的农业剩余（Thirtle 等，2001；DeBrauw 等，2002）。就农业经济而言，TFP 在一国的农业经济增长方式转变和农业现代化中扮演着重要角色，原因在于其不仅度量了农业各类要素的投入情况，还反映了因组织创新和技术进步等实现的农业增长。2015 年的中央农村工作会议指出，农业现代化仍然是我国实现"四化同步"的短板。因此，通过提升农业全要素生产率驱动农业现代化对中国"四化同步"战略意义重大，农业的增长质量和效率仍需引起政府和学界的高度重视。

大量学者围绕中国农业生产率的问题进行了探讨，在测度农业全要素生产率的同时，从农业基础设施、科技投入、要素禀赋和结构、自然环境等方面提出了许多有利于提升或改善农业全要素生产率的宝贵建议。然而，截至目前很少有学者对作为中间环节的生产性服务业这一新兴产业在农业全要素生产率改善中的贡献做过较为系统探讨。目前，关于生产性服务业对关联产业发展的影响研究主要集中于制造业领域（Desmet 和 Fafchamps，2005；Macpherson，2008；Nordas，2010；Zhao 和 Zhang，2012；Qi 和 Liu，2015；刘奕等，2017；宣烨和余泳泽，2017；等等）。还有学者关注了生产性服务业对城市经济效率或经济增长的影响（Wood，2006；Aslesen，2007；Bryson，2008；Francois 和 Woerz，2008；宣烨和余泳泽，2014；张浩然，2015；李平等，2017；等等）。不难发现，学者们忽视了农业同样也需要生产性服务业，生产性服务业不仅仅是制造业、城市发展的中间服务业部门，也是农业发展不可或缺的中间服务部门。从国内外的实践经验看，以服务业促进农业现代化是一种非常有效的途径。2014 年，国务院出台了《关于加快发展生产性服务业促进产业结构调整升级的指导意见》（国发〔2014〕26 号），指导意见明确提出，生产性服务业涉及农业、工业等产业的多个环节，要促进生产性服务业与农业、工业等实现更高水平上的深度融合，推动我国农业产业结构优化调整，促进经济提质增效升级。2015 年的全国农业工作会议明确将"积极发展农业生产性服务业"作为 2016 年重点推进的20 项工作之一。2017 年，农业部、国家发展改革委、财政部联合出台了我国首个推动生产性服务业和农业在更高水平上有机融合的专门性文件《关于加快发展农业生产性服务业的指导意见》。可见，通过发展生产性服务业驱动农业发展已被上升至国家战略高度。

因此，在当前国家大力发展生产性服务业、深入推进农业供给侧结构性改革和加快农业发展方式转变的背景下，如何利用发展生产性服务业更好地驱动农业全要素生产率增长，促使生产性服务业与农业实现更高水平上的有机融合，已成为亟待解决的现实问题。另外，鲜有文献对生产性服务业影响农业全要素生产率进行较为全面系统的研究，关于二者之间关联性的文献还不多见。正是基于以上背景，本书拟在现有相关研究成果的基础上，结合中国农业与生产性服务业发展的现实情况，通过深入揭示生产性服务业与农业全要素生产率二者之间的内在关联问题，试图为新时代下国家依托生产性服务业发展来助推农业供给侧结构性改革提供一定的理论与实证依据。根据霍夫曼定理和贝塔朗菲的一般系统论以及国内学者徐建国和张勋（2016）等的研究，农业和服务业是两个相互联系、相互制约的非平衡系统，由于它们彼此内部存在着诸多变化，致使系统的演变方向和状态发生变化。在二者耦合发展的初始阶段，服务业的快速发展在一定程度上会挤占农业发展所需的各种资源，阻碍了农业系统的升级与稳定；在二者耦合发展中后阶段，服务业能有效将资源、技术、投资和服务提供给农业，因而会在一定程度上助推农业系统不断走向更高层次的稳定有序结构。那么，当前生产性服务业是否有利于农业全要素生产率改善，理论机制是什么；二者之间是否存在长期稳定的均衡关系，影响效应及路径是什么，存在何种差异；生产性服务业对农业全要素生产率的影响是否只是线性关系，影响规律和特征是什么等，这些问题都值得探讨和解决，但是目前关于这方面还缺少较为系统的理论分析和深入的实证研究。

1.2 研究目的及意义

1.2.1 研究目的

本书从农业全要素生产率的分析框架出发，试图印证生产性服务业在农业提质增效和转型发展中的重要程度。基于产业增长和产业集聚的双重维度，探寻生产性服务业对农业全要素生产率影响的作用机理、效应、路径、差异、规律和约束机制，进而探索通过发展生产性服务业提升农业全要素生产率的合理路径和创新政策。具体目标规划如下：

（1）阐释生产性服务业影响农业全要素生产率的作用机理。在现有研究的基础上，梳理相关理论并应用于生产性服务业与农业的内在关联，基于产业增长和产业集聚的双维度，从理论层面剖析生产性服务业支农的作用机理，并设计生产性服务业对农业全要素生产率影响的研究逻辑。

（2）研究生产性服务业影响农业全要素生产率的溢出效应。分别基于产业增长和产业集聚双重维度，一是揭示生产性服务业支农的总体效应、作用路径、空间差异等问题；二是揭示生产性服务业支农的结构效应及内部差异；三是分析生产性服务业支农的动态效应，揭示可能存在的非线性特征、作用规律以及不同区域的空间分布特征。

（3）结合理论分析和实证分析情况，以生产性服务业支持农业发展为出发点，有针对性地提出通过生产性服务业推动农业全要素生产率提升的动态化、差异化政策设计，进而为推动生产性服务业和农业在更高水平上的有机融合提供政策参考。

1.2.2 研究意义

1.2.2.1 理论意义

生产性服务业对其他产业的外溢问题是当前理论研究的热点话题，但目前大多关于生产性服务业的研究聚集于制造业和城市经济增长领域，关于生产性服务业支农领域的研究尚不多见，尤其是缺乏较为全面和系统的研究。这其中，能否有效构建生产性服务业与农业之间的分析框架对于进一步规范和实证研究生产性服务业对农业增长方式转变的影响具有重要的理论意义。本书试图在现有主流研究农业全要素生产率的理论框架下，把生产性服务业这一新变量纳入农业全要素生产率研究的分析框架，并致力于解析二者之间的内在关联。首先，探讨生产性服务业影响农业全要素生产率的作用机理，阐释生产性服务业为什么会影响农业全要素生产率，以及如何影响的问题。其次，通过不同维度分析生产性服务业影响农业全要素生产率的效应、作用路径、空间差异、结构差异、影响规律等问题，为如何有效促进生产性服务业与农业实现更高水平上的有机融合提供理论依据。最后，对现有农业全要素生产率理论的补充和完善，在一定程度上丰富了生产性服务业与经济增长，尤其是农业领域的理论研究，具有一定的理论价值。

1.2.2.2　现实意义

在国家大力推动生产性服务业和深化推动农业供给侧改革、促进农业增长方式转变的现实背景下，本书拟从产业增长和产业集聚两个维度系统分析生产性服务业影响中国农业全要素生产率的机理与效应，具有重要的现实意义。具体表现如下：第一，为新常态下如何有效推动农业供给侧结构性改革及其增长方式转变提供新的视角，并为相关政策的制定提供现实依据，印证生产性服务业能否成为农业全要素生产率提升的长期动力，使其能更好地为农业发展服务。第二，为有效推动生产性服务业与农业实现更高水平上的有机融合提供现实依据，本书通过分析生产性服务业对农业发展的溢出效应，较为全面地分析二者之间的关联性，既为新常态下中国农业区发展政策制定要充分考虑生产性服务业发展因素提供了支撑，也指出了生产性服务业影响农业发展所要遵循的相关规律和约束，同时也为更有针对性地利用生产性服务业助推农业全要素生产率水平提升提供政策依据，进而为推动农业增长方式转变提供新的启示。

1.3 国内外研究现状与述评

1.3.1 国外研究现状

1.3.1.1 关于生产性服务业方面的研究

（1）生产性服务业内涵界定。较多学者对生产性服务业概念进行了界定。马赫卢普（Machlup，1972）最早提出生产性服务业的概念，在此之后相关研究陆续相继展开。早期的研究认为，生产性服务业是一类知识密集型行业，主要为顾客提供专业服务（Browning 和 Singelman，1975）。生产性服务业能推动生产的专业化，原因在于其投入产出中包含了大量人力和知识资本（Grubel 和 Walker，1988）。马歇尔（Marshall，1987）指出，与实物商品、个人支持、信息处理相关的服务业均为生产性服务业。汉森（Hansen，1994）研究指出，生产性服务业在关联产业生产过程的不同阶段发挥着中间功能。希莫斯和道劳何认为生产性服务业实质上是中间服务部门，其服务对象是其他企业，而不是个人（Shearmur 和 Doloreux，2008）。

由于研究角度存在差异，学界对生产性服务业的范围界定存在争议。目前，经济合作与发展组织（OECD）对生产性服务业的定义是生产性服务作为中间生产要素促进其他产业的生产活动。美国商务部认为，生产性服务业包括联合和独立两种服务业态。勃朗宁和西格曼认为，狭义的生产性服务业涵盖了金融、商务服务、房地产和保险四大业态（Browning 和 Singelman，1975）；与之不同的是，圭列里和梅列尼则指出，生产性服务业包含通信服务业，不包括房地产业（Guerrieri 和 Meliciani，2005）。马歇尔（Marshall，1987）指出，生产性服务是在生产各阶段为各部门提供价值增值的服务活动。虽然关于生产性服务业分类的标准存异，但国外研究者们普遍认为，生产性服务业是一种中间投入，具有相当的知识含量，且其广泛应用在各类的生产活动中，而生产性服务业的主体则涵盖了现代物流、科学研究、技术开发、交通运输、信息、金融和商务等细分产业。

(2) 生产性服务业发展及分布特征。部分研究肯定了发展生产性服务业重要性。贝耶斯 (Beyers, 1993) 较早提出，生产性服务业可视为经济增长的风向标之一。泰勒 (Taylor, 2001) 强调全球城市是世界经济网络的节点，生产性服务业则是其结节性的基础。泰勒 (Taylor, 2011) 进一步指出，生产性服务业逐渐成为识别与解析世界城市体系、国家或区域城市网络的重要工具；也有较多学者对生产性服务业的空间分布和集聚特征进行了探讨。贝利 (Bailly, 1995) 研究发现，一般而言，相对高端的生产性服务业往往更加集聚或邻近发达城市或地区。伊勒斯 (Illeris, 1995) 通过区位商技术研究发现，70% 以上的生产性服务业主要集中于北欧各国一些经济较为发达的大都市和首都。艾伦·麦弗逊 (Alan Macpherson, 2008) 对纽约制造厂商进行了十年 (1994—2005) 的跟踪调查，发现创新和生产性服务业的利用率主要汇聚在纽约州的三个区域——纽约西部、中部和大都市区。

(3) 生产性服务业的影响因素。还有学者探析了生产性服务业发展的影响因素。巴格瓦蒂 (Bhagwati, 1984) 指出，为了节省生产成本，生产者将部分与生产环节相关度较低的环节外包，使服务部门逐渐外部化，有助于生产性服务业的发展。由于生产性服务业相当依赖人力资本和知识技术，往往难以被模仿 (Oliva, 2003)。圭列里和梅列尼则认为，制造业的扩张必然将会引致其对生产性服务需求的增加 (Guerrieri 和 Meliciani, 2003)。博罗格利亚 (Polo Grerrieria, 2005) 调查了各国出口的特定生产性服务业的专业化模式，发现一个国家发展竞争性服务经济的能力与其生产性服务业的发展水平有关。杨（Yang，2014）提出，需求扩张是农业生产性服务业发展的主要动力。实证研究发现，区域经济发展水平和政府支持力度是影响我国农业生产性服务业发展水平差异的主要因素。罗格萨和高兰（Ragasa 和 Golan，2014）、帕纳西和西耶莫（Panahi 和 Ziaeemehr，2015）、尹（Yin，2018）等研究发现，经济发展、财力支持、管理能力和合理的治理结构等都有助于促进生产性服务业发展。

1.3.1.2 关于农业全要素生产率方面的研究

（1）农业全要素生产测算。国外研究者对中国的中国农业 TFP 做了大量的测度，但在测算方法和测算结果方面均存在较大分歧。在测算方法方面，国外学者主要采用三种方法测度中国农业 TFP：一是增长会计法，具有代表性的方法有索洛余值法（McMillan 等，1989；Fan，2002）和代数指数法（Wong，1986；Wen，1993）。二是随机前沿分析法，采用该方法测度中国农业 TFP 的典型代表有 Xu（1999）、Wu（1995）和 Tong 等（2009）。三是数据包络分析法，Mao 和 Koo（1998）、Chen 等（2008）等均基于 DEA 技术测度了中国农业 TFP 及其分解指标。与此同时，国外学者对中国农业 TFP 的测算结果也存在较大分歧，比如，Xu 得到的结果为 -1.48%，说明中国 TFP 水平出现了明显的下降，而 Fan 得到的结果为 6.11%，与 Xu 的研究完全相反，结论之间差异相当大。

（2）农业全要素生产率影响因素。国外学者研究发现，影响农业全要素生产率的因素众多，但科技投入、要素禀赋和基础设施等才是影响农业全要素生产改善的主要因素。一方面，部分学者肯定了科技投入在农业全要素生产率改善过程中的积极影响。霍夫曼（Huffman，2006）和阿尔斯通等（Alston 等，2010）指出，农业公共和私人科研投入均对农业全要素生产率具有显著积极影响。萨利姆和伊萨姆研究发现，气候变化、科研投入对农业全要素生产率增长具有长期积极影响，且科研投入的贡献系数更大（Salim 和 Islam，2010）。莫亨等（Mohan 等，2014）和上述学者的观点较为一致，也得出了农业科研支出对农业全要素生产率具有促进作用的结论；另一方面，也有学者指出基础设施是影响农业全要素生产率增长的主要因素。樊（Fan，2004）等提出科技投入、基础设施投入以及教育投入能够解释农村农业与非农生产率之间的差异，认为西部地区农业生产率低的根源在于基础设施水平低。洛克特松（Rakotoarisoa，2011）在进行国际比较研究后认为，发达国家与发展中国家间的基础设施（如灌溉、运输设施）的差异，会加剧发达国家与发展中国家的稻谷生产率差距；另外，还有学者认为，要素禀赋是影响农业全要素生产率的主要因素。安东尼奥利和坤托罗研究发现，要素禀赋对农业全要素生产率作用明显，但这种影响会受到引进的偏向技术的影响，当其与当地要素禀赋匹配时，会有利于全要素生产率，反之则不利（Antonelli 和 Quatraro，2008）。布泽尔等（Butzer 等，2010）和泰摩尔等（Timmer 等，2015）则更加肯定了要素禀赋的积极影响，认为资本积累对于农业全要素生产率产生了明显的促进作用。

1.3.1.3 关于生产性服务业与农业效率的关系研究

目前，生产性服务业对农业生产活动整个链条的渗透日益显现，并且将在传统农业转型升级为现代农业的过程中发挥实质性作用。国外大量学者围绕生产性服务业的溢出效应问题做了探究，但现有关于生产性服务业与农业之间内在关联研究的文献还相对较少。发达国家通过推动生产性服务业的发展，提高了本地其他产业的竞争力，且这种积极影响逐步增强等相关结论较早被学者们研究所证实（Postner H. Harry，1997，1982；Glasmeier，1994）。

哈灵顿（Harrington，1995）研究美国生产性服务业发现，生产性服务业不仅对区域就业、税收等有着直接或间接的作用，还会对区域活动生产率产生明显的影响，产生明显的外部溢出现象。较多学者在探析生产性服务业和农业之间内在关联时，大多持肯定态度，认为随着生产中服务内容的不断增加，生产性服务业逐步演化为农业产出过程中的中间投入，而直接作用于农业效率的改善，成为农业增长和效率改善的关键因素（Kenneth，1998；Boris，2002）。国外关于这方面的研究较为丰富，代表性的文献有：王宁等（2005）研究了无线服务商与农业部门之间的密切合作关系和共赢局面；约翰（John，2002）研究了农业生产过程中将可能发生的风险，并将其转嫁给保险部门，形成天气和气候服务部门、保险部门与农业部门三者相互融合、共担风险、共同收益的产业链。墨瑟等（Moser 等，2003）证实了劳动密集对于农业生产性服务业的农业技术增效外溢存在推进作用。理查德·格（Wrichard Goe，2002）认为，生产性服务业通过推动农业产业集群化发展来提升农业生产效率。保罗和瓦伦丁米切尼研究发现，生产性服务业的发展对企业国际竞争力的形成具有较强的正向效应（Guerrieri 和 Meliciani，2005）。林（Lin，2007），马丁、亚当（Martin E. 和 Adams，2011）的研究均肯定了不同生产性服务业对农业效率的提高具有积极影响。阿尔斯通（Alston，2011）分别从服务贸易和公共技术服务角度实证发现，生产性服务业通过促使农业分工的深化，进而改善了农业效率。朱（Zhu，2015）研究发现，农业生产性服务业通过加速农业生产的社会化和专业化程度来提高农业生产效率。

1.3.2 国内研究现状

1.3.2.1 关于生产性服务业方面的研究

（1）生产性服务业发展现状及存在问题。较多学者肯定了生产性服务业发展对中国经济增长的重要影响。刘重（2006）认为，生产性服务业不仅改变了传统服务业的生产和经营方式，同时也正在改变着产业结构，而且对国民经济的增长产生越来越大的影响。董欢（2013）认为，分工的专业化、产业结构的"外部化"等因素都助推了农业生产性服务业。芦千文和姜长云（2017）研究发现，农业生产性服务业在发展中呈现出显著的阈值效应、范围经济、规模经济、空间协同、垄断竞争等特征。张红宇等（2015）通过对四川省的调研指出，支持和推动农业生产性服务业发展应从以下几个方面着手，包括培育主体、强化基础、引导需求、完善机制等四个方面。也有学者系统分析了中国生产性服务业发展存在的问题及难点。陈凯和刘煜寒（2014）对中国与美国等七个农业强国的农业生产性服务业发展水平做了比较，结果发现我国农业生产性服务业投入低的主要原因是金融保险业、批发零售业水平不高。郝爱民（2015）研究发现，我国农业生产性服务业发展目前存在总量规模小、组织化服务水平低、内部构成不合理、从业人员素质低等问题。

（2）生产性服务业水平测度及变动。近年来，关于生产性服务业水平的测度问题备受学术界的重视。相关研究主要表现为三方面：第一，关于生产性服务业水平的测度研究大多认为，中国生产性服务业水平并不高，但呈现快速增长趋势。王美霞（2013）分析指出，我国细分生产性服务业 TFP 在 1991—2010 年均出现了明显增长态势，但存在明显行业异质性特征。王美霞和樊秀峰（2013）实证发现，我国省会城市生产性服务业 TFP 在 1995—

2009 年呈快速增长的趋势，但省会城市的生产性服务业发展的粗放型特征仍然明显，且区域差距明显存在。与王美霞研究结论不同甚至相反的是，谭洪波和郑江淮（2012）研究表明，中国生产性服务业并未出现预想中的快速增长，TFP 增长率几乎接近零。袁丹等（2015）从产业、时期和地区三个角度分析表明，我国生产性服务业的总体 TFP 年均下降 1.9%，且多数地区生产性服务业的效率较低，并存在明显差异。第二，也有学者进一步对生产性服务业生产率的增长动力进行了分析，得出了较为一致的结论。张自然（2010）考虑运用人力资本的随机前沿分析法研究表明，在 1993—2004 年的十多年间，我国生产性服务业全要素生产率保持了年均 4.92% 的增长，技术进步对 TFP 起到主要作用，技术效率变化对 TFP 增长起着补充作用。吴晓云（2010）测算 2008 年我国 30 省份生产性服务业综合效率及其分解指标发现，我国生产性服务业发展仍然处于典型的要素驱动阶段，粗放特征比较明显。陈文新和韩春燕等（2014）实证发现，2005—2012 年，我国西北五省生产性服务业全要素生产率水平一直较低，且其主要动力是技术进步。第三，部分学者对生产性服务业的收敛性问题做了解析。代表性的有：徐盈之（2009）实证发现，我国信息服务业全要素生产率存在明显的趋同趋势，不仅存在绝对收敛现象，而且三大地带俱乐部收敛和条件收敛趋势均很明显。张自然（2010）研究表明，考虑人力资本后的生产性服务业技术效率、技术效率变化及资本和劳动产出弹性均有所提高，技术效率存在明显的收敛性特征。袁丹等（2015）认为，中国生产性服务业呈收敛趋势，收敛速度为年均 17.3%。2008 年以后，收敛速度加快，产业内存在显著的绝对 β 收敛现象，而产业间则存在 σ 收敛现象。生产性服务业及其细分产业、东部与西部地区生产性服务业的 TFP 随着时间推移，将向各自的稳态水平趋同，上述学者虽多数肯定了中国生产性服务业发展存在一定的趋同现象，但相关研究比较久远，并未有研究针对新时代背景下生产性服务业发展新情况进行解析，以揭示其总体及结构的变动情况。

（3）生产性服务业发展的影响因素。韩坚和宋言奇（2007）理论上探析了影响生产性服务业发展的相关因素，涵盖了生产率进步、社会分工、知识资本、产品差异化等诸多因素。韩德超和张建华（2008）利用中国1997—2006年的面板数据实证显示，效率、非国有产权比重以及专业化程度等都显著有利于生产性服务业发展，但现阶段高新技术产业发展则不利于生产性服务业的发展。田家林和黄涛珍（2010）实证发现，研发投入和对外开放均对生产性服务业效率改善产生了积极作用，受教育程度不利于生产性服务业效率改善，居民消费、地区经济发展和市场化等因素作用均不明显。刘婷和吴洁（2010）分析发现，固定资产投资显著推动了湖南现代服务业发展，而城镇居民可支配收入和人均GDP等因素则对湖南现代服务业发展产生了显著的溢出效应。黄莉芳和黄良文（2011）使用随机前沿生产函数模型测算发现，市场化进程、规模经济和专业化水平均是影响生产性服务业效率改善的重要因素。沈能（2013）利用中国城市数据就我国局域知识溢出与生产性服务业集群及其关系做了实证检验。研究结果表明：知识存量和知识溢出对生产性服务业集聚有显著正向影响。刘中艳和李明生（2013）实证研究显示，影响湖南省生产性服务业发展的因素众多，其中生产性服务业中，国有经济占比越高，越不利于生产性服务业发展，而城市化、服务贸易、制造业聚集和人力资本积累均对该地区生产性服务业发展产生了积极影响。陈艳董和王二龙（2013）从社会网络和产业演化视角实证考察发现，要素市场扭曲明显阻碍了我国生产性服务业全要素生产率水平的改善。综上可知，许多学者对影响生产性服务业发展的众多因素进行了识别，但对于各种因素对生产性服务业的影响效果，学术界还存在明显的争议。

1.3.2.2　关于农业全要素生产率的研究

（1）农业全要素生产率测算。测算中国农业全要素生产率及其构成的相关成果较为丰富，从研究方法上来看，参数方法和非参数方法被视为测度农业 TFP 的两大类主流技术。一种是以随机前沿生产函数（SFA）为代表的参数技术，比较具有代表性的研究有：亢霞和刘秀梅（2005）、全炯振（2009）、匡远凤（2012）、张乐和曹静（2013）等。他们均运用 SFA 方法对中国的农业全要素生产率及其分解指标进行了测算。相比 SFA 的参数技术，非参数技术（DEA）应用更加广泛，原因在于其能够较好地直接处理多投入、多产出的生产率测算问题，且根本不需要设定生产函数具体形式，这其中以 Malmquist 指数为代表的相关 DEA 方法应用最为广泛。比较典型的研究有：陈卫平（2006）、周端明（2009）、金怀玉和管利荣（2013）、高帆（2015）、尹朝静等（2016）等。他们均基于投入产出角度和省级面板数据对中国的农业全要素生产率及其构成进行了测算，并进一步分析了其时序特征、空间特征、演变趋势、影响因素等问题。张海波和刘颖（2011）则测算了对我国粮食主产省的全要素生产率及其分解指标进行了估算，并做了进一步分析。杜江（2015）利用 1978—2011 年分省面板数据与 Global Malmquist 指数对种植业全要素生产率增长及其成分变动进行了分析。李谷成（2014）应用非径向 SBM 方向性距离函数模型，核算了资源与环境双重约束下农业绿色生产率增长及其分解。

上述文献虽大多肯定了我国农业全要素生产率变动的主要动力是技术进步，但得出的结论却存在一定的差异性。全炯振（2009）指出，1997—2007 年中国农业全要素生产率年均增长

0.74%。李谷成和冯中朝（2010）测算结果显示，1979—2005 年中国农业全要素生产率年均增长 1.39%。张乐和曹静（2013）测算结果表明，1991—2010 年我国农业全要素生产率的增长速率整体呈递减趋势。陈卫平（2006）发现，1990—2003 年中国农业全要素生产率年均增长 2.59%。周端明（2009）测算发现，1978—2005 年，中国农业全要素生产率年均增长率 3.3%，保持了健康和快速的增长，农业技术进步和农业技术效率二者对农业全要素生产率增长的贡献基本相当，年均增长率分别为 1.7% 和 1.6%。高帆（2015）得出的结果是，1992—2012 年，我国农业 TFP 的年均增长率为 3.1%。与此同时，也有少部分学者对中国农业全要素生产率的增长提出了质疑，甚至得出了相反的结论。比如，金怀玉和管利荣（2013）发现，1997—2009 年中国农业全要素生产率年均增长率为 -1.9%，并没有出现预想中的高速增长。不难发现，现有关于中国农业全要素生产率及其分解指标测算结果上的分歧还很明显，相关研究并未得出完全一致的结论，需要结合新时代背景下农业增长的新变化进一步测算研究。

（2）农业全要素生产率影响因素。对于何种因素会作用到中国农业全要素生产率变化或增长，国内学者进行了大量的探讨，总体可以归纳为以下几个方面：一是制度因素对农业全要素生产率的影响。黄少安等（2005）实证检验发现，产业政策、土地产权等均会对农业全要素生产率产生影响。李谷成（2009）考察发现，农业全要素生产率的变化还会受到农村经济制度变迁因素的作用。二是科技因素对农业全要素生产率产生影响。李静等（2006）分析认为，生物技术和育种能力等因素均会直接作用到农业技术进步上，二者通过促进农业技术进步来促进农业全要素生产率改善。韩海彬和张莉（2015）基于中国省级面板数据研究显示，农业信息化对农业全要素生产率增长产生了积极的影响，但这种积极作用效果会受到农村人力资本水平的约束，不同的农村人力资本水平下的信息化支农效应存在差异。尹朝静等（2016）利用1986—2012年中国各省际面板数据系统考察表明，年降水量多少并不影响农业全要素生产率增长，而农业科研投入对其的促进作用则十分明显。尹朝静（2017）采用中国1997—2012年的省际面板数据实证表明，城市化、农业科研投入、农业贸易均能在不同程度上对农业全要素生产率提高产生积极影响，但农业结构调整、农业FDI、受灾率等因素的作用则是负面的。三是要素投入或配置对全要素生产率的影响。朱喜等（2011）认为，农业全要素生产率较低的原因在于农村土地规模、农村非农就业机会和农村金融市场存在扭曲，应通过缓解这种扭曲来改善农业全要素生产率。尹雷等（2014）实证结果表明，农村金融发展具有显著的农业技术进步效应，从而推动了农业全要素生产率，而农村金融发展的农业技术效率效应贡献很小。李谷成（2015）研究结果表明，在劳动力深度转移和人地比例没有发生根本性变化的情况下，资本深化及其对劳动、土地要素的替代是农业生产率增长的重要源泉。郭素芳和刘琳琳（2017）指出，通过优化要素配置提升农业全要素生产率潜力巨大，要加强要素整合。汪辉平等（2017）研究表明，FDI对本地区TFP提升和相邻地区TFP提升均具有积极影响，FDI支持农业TFP的空间溢出效应极为明显。吴清华等（2015）基于超越对数成本函数和1995—2011年中国省级面板数据，分析了灌溉设施、农村公路对农业生产率的影响。研究结果表明，灌溉设施和农村公路促进了农业生产率增长，且灌溉设施的作用较大。朱晶和晋乐（2017）研究表明，农业基础设施分别贡献水稻、小麦、玉米全要素生产率增长的12%、19%和34%，农业基础设施存量在中、西部地区对主粮全要素生产率增长的正向促进效用优于东部地区。

1.3.2.3 关于生产性服务业与农业效率的关系研究

(1) 关于生产性服务业驱动农业增长的路径。学界在肯定生产性服务业在农业发展中巨大作用的基础上，对驱动路径进行了探讨。李启平（2009）从整体上和地区之间两个层面研究得出了加强生产性服务业与农业的融合和互动发展，是解决"三农"问题的有效途径。刘奕和夏杰长（2014）在充分调研的基础上，提出了以服务业促进农业现代化的基本路径：一是变收购商为解决方案提供商，推动龙头企业角色转换；二是由扶持加工项目向补贴服务转型，拓宽农业产业化的资金渠道；三是以服务驱动链网、链群整合，抓住产业链"两端"和"两翼"；四是重塑农产品流通产业的组织模式或方式；五是在服务业较为发达的地区，推广服务企业引领的农业产业链重塑。胡亦琴和王洪远（2014）认为，随着生产性服务业向农业渗透的不断深入，其最初挤占农业资源的状态开始得到改变，并开始进入反哺农业发展的中高级阶段，农业与生产性服务业各领域的合作等将推动有序、高效、稳定的新系统的形成，进而推动农业现代化进程。曲昊月（2015）运用农业生产服务投入率和直接消耗系数，其论文研究美国生产服务业和农业的内在关联发现，二者内在关联性按由强到弱顺序依次可排列为：金融、房地产、交通运输、租赁与商务服务、邮政通讯、其他服务。朱涛（2017）研究发现，生产性服务业对农业的外溢效应主要是通过降低生产成本、交易成本，增强规模经济，专业化报酬递增，拓展产业链等方面来实现的。

(2) 生产性服务业对农业效率的影响。部分学者对生产性服务业影响农业的效率问题进行了探讨，均印证了生产性服务业在农业效率提升过程中的积极作用。在理论研究方面，韩坚和尹国俊（2006）提出，要加快发展生产性服务业，以此助推农业现代化进程并提升农业效率。杨杰（2010）认为，生产性服务业深入渗透农业产业链各环节，可为农业发展提供物流、融资和技术等诸多服务，进而推动农业效率的提高。贾敬敦（2012）认为，生产性服务业作为中间环节，对其他产业具有很强的融合性，技术、资本和知识的含量高，拥有自身利润源泉和农业产业链"黏合剂"的双重价值。龚晶和张峻峰（2014）在辨析服务业引领现代农业发展的基础上，设计了现代服务业引领农业发展的相关路径及模式。张振刚（2014）研究指出，生产性服务业可带动产业效率的协同提升，由于其高劳动力流动、高知识密集特征，使得知识外溢效应实现了在空间和行业间的有效扩散。张海涛（2016）研究发现，农业生产性服务业发展，可降低农业生产成本，提高农业劳动者的素质，有效改善农业从业人员的受教育水平，进而提高农业效率。

在实证研究方面，潘正等（2011）研究认为，广东省的生产性服务业与农业之间是相互促进的，两者对冲击的反应均存在一定的滞后期。潘锦云等（2011，2013）通过运用逐步回归法检验发现，传统农业的改造离不开现代科技和信息技术的支持。胡铭（2013）研究我国生产性服务业与农业发展的行业与空间协同效应，发现生产性服务业及其内部各细分产业对农业发展均具有显著的积极影响，生产性服务业与农业在空间上呈现相互影响、相互作用、共同发展的协同效应。郝爱民（2013）分析认为，农业生产性服务业有利于农业发展中实现协调分工，并有效降低交易成本，进而提升了农业生产效率水平。郝爱民（2013）基于农业效率损失的角度分析表明，生产性服务业规模提升是提高农业生产效率和生产率水平的重要因素。郝爱民（2015）实证分析生产性服务对农业技术进步的贡献表明，这种积极的贡献是显著的，且现阶段对农业技术进步贡献率的影响是以直接影响为主。兰晓红（2015）分析发现，生产性服务业在推动农机推广服务供给、增加农产品营销服务等方面具有积极作用，进而有利于促进农业效率改善。景守武等（2015）利用2000—2012年我国现代服务业和农业发展的相关数据，并运用外溢效应模型分析现代服务业对农业的外溢效应。研究表明，现代服务业农业进步的溢出效应为0.2485，溢出效应较显著，应通过促进金融业、信息产业、物流业等与农业的融合发展，推动现代服务业与农业的融合发展。沈飞（2015）研究表明，农业生产性服务业与农业技术外溢获利能力提升呈正相关，但后者能力提升与地理差距因素呈负相关，并受制于政策环境因素。魏修建和李思霖（2015）研究表明，通过生产性服务业的投入，农业各类资源的配置更趋合理，进而有利于农业生产效率提升。金晓雨（2015）研究表明，生产性服务业对农业生产率的影响与经济发达程度息息相关，在发达地区生产性服务业会改善生产率水平，而在不发达地区生产性服务业会降低生产率水平。王耀中（2016）采用2003—2012年中国省级别面板数据考察发现，生产性服务业与农业现代化效率之间长期表现为较为显著的相互推动关系，这种互动关联在东部地区较小，而在中西部地区存在一定波动。陈明和李文秀（2018）探讨生产性服务业支农溢出发现，生产性服务业开放显著促进了对农业生产率的提升，从细分生产服务业看，技术研发服务、信息服务和货物运输仓储服务开放对农业生产率的促进作用位居前三位。

1.3.3 国内外研究述评

综上可知，国内外学者对于生产性服务业与农业效率的相关问题，已经取得了较为丰富的研究，也为本书提供了很好的参考和借鉴。但关于生产性服务业对其他产业溢出效应，尤其是对农业效率的影响问题的研究还极为少见，且已有关于农业领域的研究多聚焦于理论层面，经验研究更偏重于探讨生产性服务业在农业静态效率、生产效率改善中的影响。几乎没有文献涉及系统探讨生产性服务业与农业全要素生产率及其构成之间的内在关联问题。诸如，生产性服务业是否能提升农业全要素生产率，通过何种路径促进农业全要素生产率；生产性服务业支农的作用机理如何；生产性服务业的空间集聚、规模增长等各维度变化是否会影响农业全要素生产率增长，其影响效应、差异、规律和特征是什么；等等。上述一系列问题的回答，都需要在现有研究基础上进一步展开探讨。综上可以发现，现有研究尚存在以下不足：

第一，关于生产性服务业的相关研究主要侧重于内涵、分类、影响因素等问题的分析，多从产业规模变化和效率水平变化两个方面来反映生产性服务业的发展实际，尚鲜有文献基于产业集聚角度进行深入分析，尤其是少有文献从理论或实证角度探讨生产性服务业集聚对经济增长抑或其他产业增长，特别是农业发展的作用。

第二，在早期研究中，诸多文献对影响农业全要素生产率的因素进行了笼统的识别，近年来，学者们虽从科技投入、要素禀赋、基础设施等不同角度进行了专门的探讨和分析，但现有文献较少把生产性服务业因素纳入研究农业全要素生产率的分析框架，尤其是缺乏比较系统的探讨，对于生产性服务业发展是否能促进农业全要素生产率提升等一系列问题都有待探究。

第三，虽有部分文献基于生产性服务业对农业效率的影响角度作了相关探讨，但相关文献尚存在两方面的问题：一方面，关于生产性服务业对农业效率的影响研究多侧重于二者之间的线性关系，很少有文献探讨生产性服务业对农业效率的影响规律和特征，多数研究以产业规模增长为出发点来验证生产性服务业发展影响农业效率的问题，忽视了生产性服务业集聚的支农溢出影响，特别是几乎没有学者对生产性服务业支农的非线性溢出效应进行过较为系统分析。另一方面，农业生产性服务业是我国近年来明确提出发现的新产业，官方目前尚未系统披露其发展的相关数据，笼统地把生产性服务业等同于农业生产性服务业，或采用农村固定资产向生产性服务业投向指标来近似替代农业生产性服务业，均不足以准确反映农业效率改善中的农业生产性服务业的真实贡献，也就是说，现有条件下研究生产性服务业对农业全要素生产率的研究更为适合。

综上所述，国内外学者对生产性服务业、农业全要素生产率的相关研究既为本书提供了扎实的文献基础，也为本书的后续研究提供了很好的借鉴。本书将紧密结合新常态下中国生产性服务业发展与农业发展转型的实际，紧密围绕生产性服务业与农业全要素生产率的关联性问题，通过深入探索生产性服务业影响农业全要素生产率的理论机理，分别对产业增长和产业集聚维度研究生产性服务业对农业全要素生产率的影响效应、作用路径、结构差异、空间差异、作用规律、约束机制等问题进行探析，进而为促进生产性服务业与农业发展的深度融合，以及更有针对性地通过发展生产性服务业驱动农业增长方式转变提供理论参考和现实依据。

1.4 研究思路与内容、拟采取的研究方法和技术路线

1.4.1 研究思路与内容

本书在现有研究成果的基础上，建立了生产性服务业与农业全要素生产率的一个分析框架，以生产性服务业支农为主线，按照"理论分析——实证分析——政策分析"的总体思路展开分析。具体研究思路表现为：

首先是理论研究。理论研究主要包括国内外相关文献、基础理论及应用、作用机理等分析。通过对国内外相关文献的梳理分析发现现有研究不足之处，总结归纳并提出本书的创新点，在相关基础理论分析的基础上，探讨生产性服务业影响农业全要素生产率的理论机理，进一步构建本书的生产性服务业影响农业全要素生产率的逻辑分析框架。

其次是实证研究。在理论分析的基础上，构造生产性服务业增长指数和集聚指数，分析其现状、变动特征，测度农业全要素生产率水平及其分解，分析其增长特征、动力、空间差异、空间布局以及收敛性情况。基于产业集聚和产业增长的双重维度，进一步分析生产性服务业发展对农业全要素生产率影响的总体效应、结构效应和动态效应。总体效应旨在揭示生产性服务业发展对农业全要素生产率影响总体情况，作用路径及异质性特征，结构效应拟回答细分生产性服务业支农溢出的内部异质性，动态效应主要反映生产性服务业发展对农业全要素生产率影响的非线性特征、动态规律和调节效应。

最后是政策研究。提出推进生产性服务业驱动农业增长方式

转变的政策设计，提出整体、多层面、多维度、差异化和动态化的政策设计方案，更好地发挥生产性服务业对农业增长的溢出红利，促进二者早日实现更好水平上的深度融合。

基于以上研究思路，本书共分为九个章节来作为研究的核心内容。

第一章，绪论。主要介绍本书研究生产性服务业支农的选题背景及依据，选题意义、文献述评、研究目标及思路、研究目的和思路、结构安排、研究方法及技术路线、研究创新之处等内容。通过较为系统全面地述评国内外生产性服务业与农业全要素生产率的相关文献，特别从生产性服务业与农业发展的关联性方面进行重点梳理，挖掘现有研究的不足，凸显本书的创新之处。

第二章，生产性服务业对农业全要素生产率影响的理论分析。首先对本书涉及的相关内涵概念进行界定，并阐述生产性服务业影响农业增长的相关理论，然后分析生产性服务业影响农业全要素生产率增长的作用机理，并在此基础上提出了本书的主要分析框架。

第三章，中国生产性服务业发展的特征事实及差异分析。本章在现有研究的基础上，阐述了生产性服务业的分类及六大特征，基于产业集聚和产业增长的双重视角，分别构造生产性服务业及其细分产业的增长指数和集聚指数，分析生产性服务业及其构成的时序变化、省际差异以及区域差异的变动趋势等典型事实，为后续的实证研究奠定基础。

第四章，中国农业全要素生产率增长特征及收敛性分析。本章在现有研究的基础上，结合中国农业发展实际，基于投入产出设计农业全要素生产率测算指标，测度农业全要素生产率及其分解指标，分析农业全要素生产率及其构成的时序特征、省际特征和区域特征。进一步采用趋同理论，揭示中国农业全要素生产率的总体收敛特征和俱乐部收敛趋势。农业全要素生产率及其构成的测度为后续研究创造条件。

第五章，生产性服务业对农业全要素生产率影响的总体效应分析。本章首先构造出了生产性服务业集聚指数和增长指数，分析其时序特征和差异。在此基础上，构建线性计量模型，基于产业集聚和产业增长的双重视角，首先，分析生产性服务业对农业全要素生产率的总体影响效应，回答生产性服务业集聚和生产性服务业增长哪个更有利于农业全要素生产率增长。其次，研究生产性服务业对农业全要素生产率影响的作用路径，揭示生产性服务业集聚、增长分别通过农业技术进步抑或农业技术效率来促进农业全要素生产率。最后，引入虚拟变量，分析在不同特征区域上生产性服务业集聚或生产性服务业增长对农业全要素生产率影响的空间异质性特征。

第六章，生产性服务业对农业全要素生产率影响的结构效应分析。本章首先测算了不同生产性服务业细分行业的集聚指数和增长指数，在此基础上，基于产业集聚和产业增长的双重视角，分别研究生产性服务业细分行业集聚对农业全要素生产率的异质性影响，以及生产性服务业细分行业增长对农业全要素生产率的异质性影响，从两个维度识别与农业全要素生产率改善最为密切的生产性服务业，分析其影响效应及结构差异。进一步，分别对不同生产性服务业支农是否存在滞出效应进行了检验。

第七章，生产性服务业对农业全要素生产率影响的动态效应分析。本章基于产业集聚和产业增长的双重视角，在构建面板门槛模型的技术上，重点分析生产性服务业影响农业全要素生产率的非线性动态影响，揭示其非线性特征、作用规律和门槛特征。

首先，实证解析生产性服务业对农业全要素生产率的影响是否会随着生产性服务业的发展而不断动态调整，存在何种特征、规律、差异以及非线性作用路径；其次，从城市化、农户经营规模和城乡收入差距三个维度揭示上述因素约束下生产性服务业对农业全要素生产率的影响机制，揭示生产性服务业支农的约束机制；最后，分析生产性服务业集聚与生产性服务业增长对农业全要素生产率影响的动态交互影响，解释在何种生产性服务业集聚水平上，生产性服务业增长对农业全要素生产率的积极影响更为有利，以及在何种生产性服务业增长水平下，生产性服务业集聚的支农效应最为明显。

第八章，生产性服务业促进农业全要素生产率的政策设计。根据前面章节的研究，基于总体维度、结构维度、动态维度等多维度，从时间层面、空间层面等多层面科学合理、因地制宜地提出促进生产性服务业与农业实现更高水平上有机融合的创新政策，进而为生产性服务业更好地促进农业高质量发展，以及实现生产性服务业与农业协调发展的"双赢"提供政策参考及启示。

第九章，结论与研究展望。本章全面总结全书研究的主要结论，并指出了本书后续可进一步拓展研究之处，以期为后续更加深入地解析生产性服务业支农提供新的视角和思路。

1.4.2 研究方法

本书研究从生产性服务业与农业全要素生产率的关联性问题着手，在对国内外相关文献研究基础上，综合运用规范分析与实证分析相结合、定性分析与定量分析的研究方法，主要分析方法如下：

第一，文献研究法。收集、梳理和分析国内外学术研究论文和报告，掌握生产性服务业、农业全要素生产率等相关研究的最新进展，挖掘现有研究不足，进一步提炼和明确研究问题和目标，为后续研究提供理论支撑和思路。

第二，归纳和演绎法。对本书涉及的相关概念进行归纳界定，深入研究归纳相关基础理论，通过归纳演绎法揭示和推导生产性服务业影响农业全要素生产率的作用机理，并进一步设计本书的研究框架。

第三，Malmquist 生产率指数法。基于投入产出角度设计农业全要素生产率评价指标，采用 Malmquist 生产率指数法测算省际农业全要素生产率及其分解指数，分析其时序差异、省际差异和地区差异。

第四，收敛性方法。通过变异系数方法分析生产性服务业增长水平和集聚水平的变动趋势。通过构建绝对收敛模型和条件收敛模型检验中国及三大地区内部的全要素生产率是否收敛，分析农业全要素生产率、农业技术进步和农业技术效率演变趋势及特征。

第五，面板固定效应和随机效应法。由于本书选取的样本是中国省际面板数据，需要借助基本的面板数据技术，通过固定效应或随机效应方法检验生产性服务业对农业全要素生产率影响的总体效应和结构效应。

第六，面板门槛回归方法。由于需要揭示生产性服务业影响农业全要素生产率的动态效应，即非线性关系是否存在及其特征，需要采用面板门槛回归技术来检验其影响规律和约束机制。

1.4.3　技术路线

根据上述研究思路与内容，可以得到生产性服务业对农业全要素生产率影响研究的技术路线，详见图1-1。

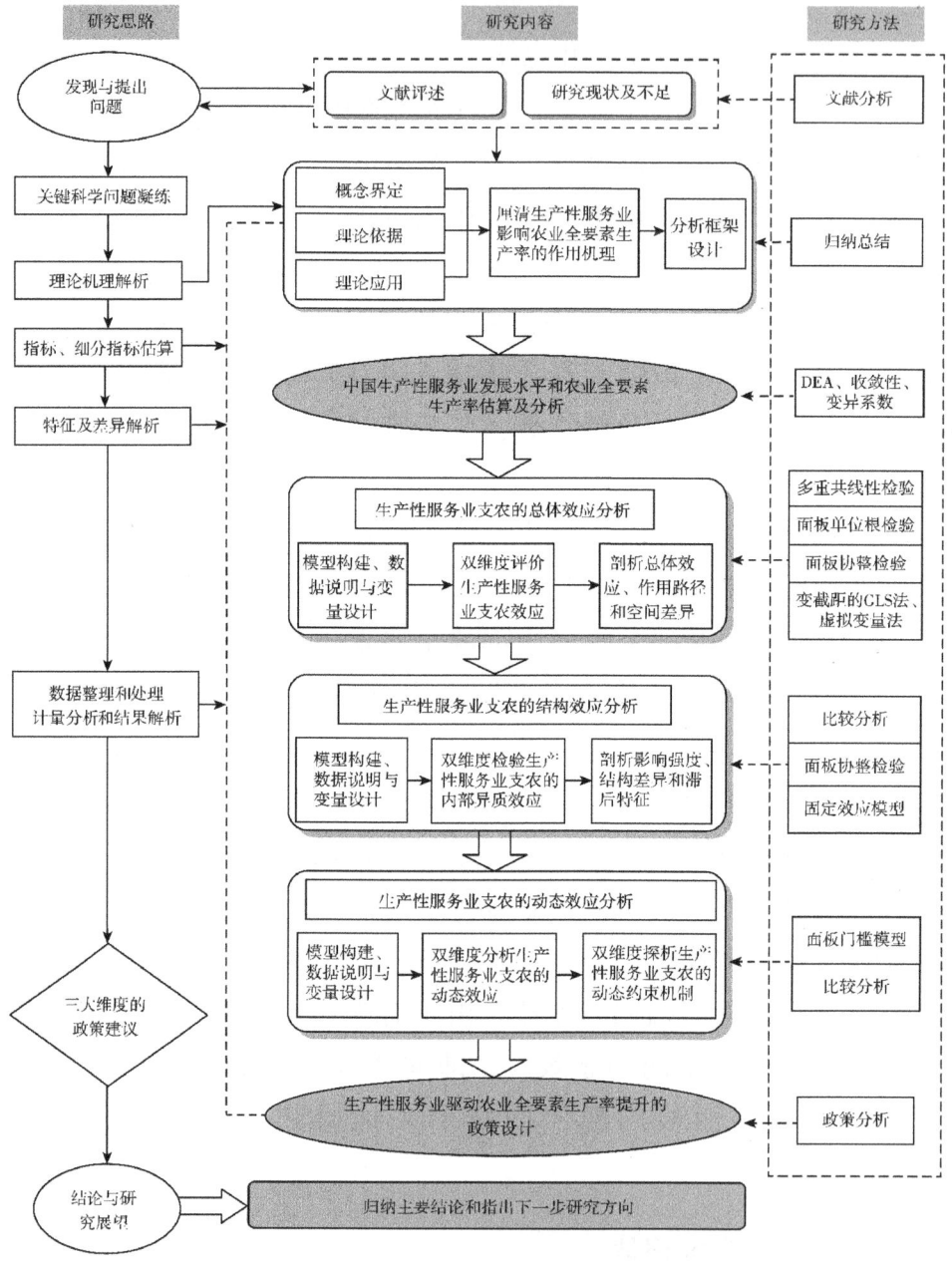

图1-1 技术路线图

1.5 研究的创新之处

本书在国家大力发展生产性服务业和深化农业供给侧结构性改革的背景下，立足中国生产性服务业和农业发展实际，在现有农业全要素生产率研究的基础上，将生产性服务业纳入支持农业发展的研究范式中，较为系统地研究生产性服务业对中国农业全要素生产率的影响，研究视角新颖，具有较强的探索性和重要的现实意义，本书可能创新之处表现在以下几个方面：

（1）探讨了生产性服务业影响农业全要素生产率的理论机理。以往相关研究大多基于产业规模增长的角度考察生产性服务业与经济增长、农业效率的关联性，较少有文献基于产业集聚角度进行探索，也很少有学者研究生产性服务业外溢的非线性动态效应以及内部异质效应。本书在现有关于农业全要素生产率分析框架的基础上，把生产性服务业这一新因素纳入全要素生产率的研究框架，采用数理模型和理论推演等多种手段，基于产业增长和产业集聚双重视角较为深入的分析生产性服务业影响农业增长的作用机理，是对现有相关研究的进一步深入和拓展，具有较强的理论和现实意义。本书研究内容不再是仅仅关于农业全要素生产率水平的测度和评价，也不是笼统地探讨影响农业全要素生产率的影响因素，而是尝试初步构建了生产性服务业影响农业全要素生产率的逻辑框架，并从理论和实证两个层面较为系统地探讨相应的理论机理、影响效应、作用规律和差异等一系列亟待解决的问题。

（2）揭示了生产性服务业对农业全要素生产率的影响效应及规律。现有研究多基于产业增长角度研究生产性服务业对农业效率的影响，关于生产性服务业集聚、生产性服务业非线性外溢效应以及生产性服务业影响农业全要素生产率的内部异质效应等问题的研究还相当少见。鉴于此，本书在详细测度农业全要素生产率的基础上，采用面板计量分析方法，对省际面板统计数据进行经验研究，主要有以下三个方面的进步：一是分析生产性服务业对农业全要素生产率的影响，探讨生产性服务业是否有利于农业全要素生产率增长、作用路径如何，存在何种空间差异，回答产业集聚和产业增长哪个更有利于农业全要素生产率增长；二是从产业增长和产业集聚双重视角，探析生产性服务业影响农业全要素生产率的内部异质效应，揭示不同生产性服务业集聚或增长对农业发展的差异化影响，对与农业提质增效更为密切的生产性服务业细分行业进行识别；三是研究生产性服务业对农业全要素生产率的非线性动态影响，揭示生产性服务业影响农业全要素生产率的动态特征、规律，解析何种因素会影响到生产性服务业的支农效应，以及生产性服务业集聚和生产性服务业增长支农的交互动态效应。上述研究是对现有基于实证角度探讨生产性服务业与农业关联性研究的进一步拓展和探索。

（3）提出了新常态下生产性服务业助推农业全要素生产率提升的政策。生产性服务业的发展，不仅能够服务于制造业的发展，也能促进农业经济增长，因而有必要探索推进生产性服务业与农业实现更高水平上有机融合的发展政策。基于此，本书在系统研究生产性服务业对农业全要素生产率影响的总体效应、结构效应和动态效应等的基础上，结合生产性服务业与农业的发展实际，拟提出宏观层面的推进战略、因地制宜地构建多层面、多维度、多元化的政策支撑体系，这对于未来更好地借助生产性服务业驱动农业高质量发展，充分激发和释放生产性服务业支持农业发展的溢出红利，实现二者在更高水平上的有机融合具有一定的实践创新价值。

第二章　生产性服务业对农业全要素
生产率影响的理论分析

本章在辨析主要概念的基础上，归纳总结了生产性服务业支持农业发展的相关理论，并据此进一步对生产性服务业支农问题展开理论剖析，接着基于产业集聚和产业增长的双重视角，通过数理模型推演，理论解析了生产性服务业支农的作用机理，并进一步构建了研究的逻辑框架，以期为生产性服务业与农业内在关联性问题的探讨提供理论基础和分析依据。

2.1　相关概念解析

2.1.1　生产性服务业的内涵界定

生产性服务业也称为生产者服务业，是与消费者服务业相对应的概念。生产性服务业是经济服务化时期增长速度最快的产业。关于生产性服务业的理论研究最早源自英国学者威廉·配第，克拉克（1951）也较早关注了生产性服务业的相关研究，将整个服务部门划分为两个部门，分别是服务于生产部门的服务部门和服务于最终消费者的消费部门。关于生产性服务业的概念最早由奥地利经济学家马赫鲁普（Machlup，1962）提出，他在《美国的知识生产与分配》一书中指出，生产性服务业是产出知识、投入包含知识资本和人力资本的服务业，对生产性服务业的内涵给了较为明确的界定。格林菲尔德（Greenfield，1966）进一步按功能性将服务业划分消费和生产两大类服务业，其中生产性服务业的服务对象主要是生产者，而非消费者。布朗宁（Browning，1975）认为生产性服务业是知识密集型产业，在金融、保险、法律等领域为生产者提供专业化服务。格鲁贝尔（Grubel，1988）认为，生产性服务业并不是生产过程的最后产出环节，而属于为生产者提供中间产出服务的中间环节。朱利夫·特兰特（Juleff·Tranter，1996）指出，生产性服务业对生产部门具有较强的依赖性，这一特征并不同于传统服务业。国内也有学者对生产性服务业做了界定。具有代表性的有，李冠霖（2002）认为生产性服务业是中间需求率大于 50% 的服务业。李江帆（2014）认为，生产性服务业由作用于流通过程的外围层、生产过程的核心层和投资环境的相关层等三个层次。综合上述研究，本书认为生产性服务业是以生产性企业为服务对象，通过为生产环节提供专业化技术和管理服务，促进最终消费品生产的以知识产出为特征的所有中间性服务业行业的总和。

2.1.2 农业全要素生产率的内涵界定

首届诺贝尔经济学奖得主丁伯根于 1942 年最早提出了全要素生产率（Total Factor Productivity，TFP）的概念，他在原有包含传统资本和劳动生产要素变量的生产函数模型中，引入了时间趋势，考虑到了时间趋势对生产率的影响，但并未涉及非物质生产要素对生产率的影响。1947 年，美国经济学家斯蒂格利茨首次对美国制造业全要素生产率做了测算。经济学家希朗·戴维斯在 1954 年出版的《生产率核算》专著中，首次对全要素生产率的内涵进行了明确界定，指出在测算全要素生产率时不能仅仅基于部分投入要素，而是要全面考虑所有如劳动力、资本、原材料等投入要素。

索洛（Solow，1956）认为，当规模报酬不变时，产出增长率中扣除投入增长率后的余项可视为技术进步率，即索洛剩余。全要素生产率反映了决策单元总产量与全部要素投入之比，单一要素生产率侧重分析单位劳动投入的产出，常以劳动、资本等单一生产要素作为研究重点；决策单元的生产过程中通常会同时涉及资本、劳动、土地、能源等多种投入要素，众多要素在生产中具有不可分割又相互替代的关系。单一要素生产率由于不能准确反映要素间的替代性，而存在一定局限性，全要素生产率更强调整体生产要素集成使用效率距离生产前沿面的变动，并不着重体现单个生产要素的产出效果。正因为如此，全要素生产率已经在包括农业在内的社会经济各大领域得到了广泛应用，并成为观察和理解经济增长质量的重要工具。经济合作与发展组织（OECD）指出，农业全要素生产率反映了农业产出与投入之比。因此，本书参照以往研究，将农业全要素生产率同整个经济增长中的全要素生产率视为等同含义，即农业全要素生产率为加权的农业产出与投入之间的比值，用来衡量农业产出中不能由有形要素来解释的部分。

从农业全要素生产率增长来源来看，可以进一步将其分解为农业技术效率变动率和农业技术进步变动率。其中，农业技术效率变动率可进一步分解为纯技术效率变化和规模效率变化。农业技术进步变动率不能完全表示农业全要素生产率的变动，从经济学意义来看，农业技术进步主要是指由于新知识、新技能、新工艺、新设备等在农业经济生产活动中被广泛应用，进而引起农业劳动生产率和经济水平的提高。农业技术效率同样不能完全代表农业全要素生产率的变动，它刻画的是农业生产中现有技术的使用状况。Farrell（1957）首先提出了关于技术效率的估测方法，认为技术效率是指在给出一定要素投入下，决策单元的实际产出与相同投入要素条件下的最大可能产出的距离，这种情况下的技术效率具有相对意义。另外，农业纯技术效率衡量了管理、制度等因素的贡献，规模效率则常用来衡量农业生产规模有效状况对农业全要素生产率的影响。

2.2　生产性服务业影响农业全要素生产率的理论依据

2.2.1　产业关联理论

产业关联通常是指以各种投入产出品为依托，发生在不同产业间的经济技术联系。一般来讲，产业关联通过劳动就业、产品和劳务、价格、生产技术、投资五大类联系来实现。五大类联系主要表现如下：劳动就业联系反映了通过某一产业的发展带动的关联产业就业的增加，并产生就业带动的乘数效应。产品和劳务的联系是产业间最基本的联系，描述了产业部门间彼此提供产品、劳务具有依赖性并需要以此为投入来进行正常生产，或者一些产业部门需要其他产业部门提供原材料或者生产资料以满足其生产所需。价格联系是建立在劳务和商品联系基础上的，它通常描述了货币联系。生产技术联系直接会影响到产业结构或联系的变化，是指因生产技术差异，一个产业依据自身技术特征，在生产过程中对所需的相关产业产品、劳务提出特定要求，而不是被动地接受其他产业的产品和劳务。投资联系描述了特定产业必须要与相关产业按照一定的产出比例的协调发展作为前提，通过某些产业增加投资的方式，来促进特定产业的增长。

生产性服务业与农业的发展关系完全与产业关联理论相吻合。首先，生产性服务业作为农业发展的中介或中间环节，其不可避免地与农业之间存在着产品和劳务等诸多关联，这种情形下，农业能容易获取自身发展需要的产品服务和劳务服务，不断提高自身生产效率和全要素生产率。其次，生产性服务业发展是制造业、农业、传统服务业等生产过程细化后剥离出中间环节。对农业发展而言，生产性服务业是农业生产中发挥"比较优势"的外包，该环节的专业化、规模化服务对提升农业生产效率具有重要影响。最后，在农业现代化快速发展、农业富余劳动力大量增加的背景下，制造业、传统农业等领域对劳动力的吸纳能力有所下降，生产性服务业将是解决农村劳动力的重要途径，并将更好地为农业生产服务，促进农业生产率提升。

2.2.2　专业分工理论

亚当·斯密在其《国富论》中首次提到社会分工的概念，他认为，分工在社会经济活动中扮演着无可替代的角色，分工是一个纯粹的经济因素，社会生产活动中存在专业化分工，规模经济归根而言就是专业化经济，专业化分工是规模报酬递增规律发生的根本原因。亚当·斯密将分工分为三种类型，分别是，产业分工和社会分工、企业间分工、企业内分工，并指出分工能够使同样数量的劳动者完成比以前更多的工作量，可以提高劳动生产率。亚当·斯密认为，一国生产率的提高及劳动工具的进步和创新都是分工的结果。分工提高生产效率的原因表现为以下三点：一是分工促使生产活动变得简单化，机器的使用较大程度上降低了复杂劳动学习的要求，也提高了劳动生产率；二是分工可增加劳动力的生产时间，整体上降低了经济活动的生产劳动成本；三是分工能驱动科技创新，推动生产活动实现报酬递增。此后，舒尔茨、斯蒂格勒以及新增长理论等均从不同的视角对亚当·斯密的分工理论做了进一步的阐述和补充。

生产性服务业促进农业产业分工深化，导致部分生产资源更加集中于农业发展的特定服务和产品的生产领域，有利于农业新技术和新发明的产生。生产性服务业就是为包括农业在内的传统产业提供特定服务和产品的特定行业。随着专业化分工的深入，农业、制造业和其他服务业等传统产业对生产性服务业的依赖持续加深，比如为了减少中间环节间的交易成本，就需要依托金融业、物流业等细分生产性服务业发挥威力，推动产品的快速有效销售，促使企业利润实现最大化。农业领域的生产活动专业化程度较高，不论是农业信息、水利、农机、农资等生产环节，还是物流供应、产品销售等销售环节，各部门均有着明显的分工。随着农业规模的持续提升以及分工的进一步细化，农业的部分职能需要专门的机构提供生产服务以更好地发挥"比较优势"，减少生产者时间和精力的损耗。随着农业分工的深入，农业原有的产业结构持续变化，出现了新的农业业态，并形成新的产业链，而产业链之间的衔接是否有效，在一定程度上会越来越影响到农业技术进步和生产率改善。生产性服务业是农业产业链和价值链攀升的黏合剂，而正是由于专业化分工的作用，农业发展对特定服务部门的黏合度需求在不断提升。

2.2.3　交易成本理论

早在 1937 年，经济学家罗纳德·科斯提出了交易成本的概念和理论，认为企业在市场相互进行资源交换皆有成本，这种成本为交易成本，即为一种因交往、合作、交易而发生的内在成本，这种成本的产生需要以人与人在一定的社会关系层面自愿进行为前提。之所以会产生交易成本，是因为市场中企业、个人等参与者之间存在信息不对称的事实，给双方得到准确的市场交易信息带来了一定困难，这种情况下，要克服这种信息不对称矛盾，企业必须付出信息的交易成本、缔约并诉诸法律形式，从而产生了交易成本。市场交易成本包括监督成本、搜寻成本等，在企业内部管理费用大于市场交易成本时，企业倾向于使用市场，反之企业则倾向于选择内部化。随后，以威廉姆森、阿罗、诺斯等新自由主义经济学代表又进一步发展了交易成本理论，该理论又被称为"产权经济学"。威廉姆森站在协议的角度，进一步从事前交易和事后交易的角度对交易成本做了划分，并提出了机会主义、有限理性等相关的行为假设。事前交易成本描述了搜寻信息、签订契约等过程中产生的成本，事后交易成本描述了解决契约、改变契约或中止契约等过程中产生的成本。交易成本在一定程度上反映了由于社会分工的改善，在交易过程中发生的生产要素的损耗。在某种意义上，交易成本具备与固定成本、沉没成本类似的一些特征，买卖双方都得被动地接受此类成本的产生。

根据交易成本理论，理性的农业生产者将根据交易成本和生产成本的比较做出最终的决策，其最主要的目标是要实现利润最大化和成本最小化。在农业生产资源和技术短期无法改变的条件下，农业生产者通常会面临三种不同的选择：自主生产、合作外包、交易买入。尽管市场机制通常在很大程度上是配置资源的最有效方式，但由于信息不对称现象的普遍存在，加之不确定性风险和不完全竞争，必然导致农业生产者着力实现要素资源的内部一体化。当这种行为的交易成本过高时，农业生产者就会做出外包决策。通过合作外包，由专业的服务业机构提供农业生产性服务，农业生产者可以不断集中优势资源，发挥比较优势，降低自身劳动生产成本，而节省下来的部分生产成本相应地被外包成本所抵扣。这种情形下，选择生产性服务行业外包决策，会最大限度地降低自身的生产成本，提高农业的生产效率。

2.2.4　产业集聚理论

产业集聚是产业在同一地理空间的高度集中，描述了产业各种生产要素在空间内不断汇集的过程。产业集聚理论主要包括外部经济理论、集聚经济理论和竞争优势理论。对于外部经济理论，亚当·斯密最早于 1776 年依据绝对利益理论，从分工协作的视角对产业集聚问题进行了探索。他认为产业集聚是一种群体，由具有分工性质的企业或组织组成，目的是完成产品的联合生产。马歇尔在《经济学原理》指出，具有专业化分工性质的大量企业向特定地域集中会形成"产业区"，这种"产业区"会带来规模经济性和外部经济性的正外部性，从而引起了产业集聚。马歇尔（Marshall，1890）进一步提出了外部经济理论，指出在同一地理空间内集聚的企业具有较高的专业化程度，在其他条件相同的情况下，行业规模较大的地区比行业规模较小的地区生产更有效率。韦伯（Webber，1928）较早提出了集聚经济理论，他认为，在空间分散所产生的成本小于地理上集中所获收益时，产业更倾向于集聚。同时，韦伯还指出，企业规模不断壮大会在集聚初期带来明显的集聚优势和溢出，并在形成集聚后因地理空间上的集中而方便相互交流协作和精细分工，进而促进企业竞争力提升。竞争优势理论由经济学家波特（Porter，1990）基于空间经济学视角提出。波特认为，运输成本会成为企业规模扩张过程中形成集聚的重要因素，该种情形下，为了降低运输成本，企业往往更倾向于市场需求大的区域集聚。克鲁格曼（Krugman，1991）则进一步提出了新竞争优势理论，他指出，产业集聚在提升生产效益和效率等方面具有竞争优势，原因在于企业在集聚区内更容易获取市场、劳动力等方面的资源共享。

20 世纪 90 年代以来，产业集聚理论开始从制造业、农业等领域延伸到生产性服务业领域。随着互联网技术的高速发展，社会经济生活中的人际交流在很大程度上突破了信息的时空限制，这似乎为生产性服务业的分散布局提供了一定的依据。但实际情况是，生产性服务业的集聚态势不但没有削弱，反而进一步增强。农业发展需要金融、物流、商务、研发等多样化的生产性服务业企业进行综合配套，而生产性服务业集聚有利于技术创新、专业化劳动力、知识共享以及资本的集中，从而更有效地为农业高质量发展提供资源整合服务，促进农业生产效率持续改善。

2.2.5　不平衡增长理论

艾伯特·赫尔曼基于稀缺资源会被充分利用的认知出发，对不平衡增长理论做出了系统性阐释，并充分体现在其著作《经济发展战略》一书中。他认为，由于每个区域出现相同的经济增长速度几乎是不可能的，因此经济增长在各区域间的不平衡现象无法避免。对于发展中国家或地区而言，技术、人力、资本等资源均为稀缺，若实施完全一样发展思路则难以打破稀缺性的约束，从而也难以实现或出现均衡增长。赫尔曼认为，经济的发展过程近乎一条"不均衡的链条"，这条"不均衡的链条"可从一个产业到另一个产业，也能从主要部门到次要部门，这导致经济发展方式不得不从一类不平衡转变为另一类不平衡。由此可见，经济政策的重要任务就是要设法维持这种不平衡特征，保持"不均衡的链条"的活力。在不发达国家或落后地区，政府可通过实施不平衡发展战略，来有效获得经济的长期增长和生产率的进步，这对落后地区而言往往是最有效途径，不平衡的规划和思路往往能有效促进整个经济的快速发展。不平衡增长理论强调，政府应注重集中有限的资源，优先扶持产业关联性较强的产业发展。不平衡增长理论为包括中国在内的发展中国家和落后地区经济的又好又快发展提供了重要启示。根据不平衡增长理论可知，政府可通过有针对性地鼓励主导产业发展，带动整个国民经济的增长，并不用刻意寻求实现区域平衡或协调发展的政策。因此，在经济发展道路上只能以此消彼长的方式发展，不断克服土地、资本、技术和产品短缺的瓶颈，不平衡是常态。

在我国，由于各地资源禀赋、地理区位、产业政策、市场环境等方面的差异，导致生产性服务业和农业发展均存在明显差异，生产性服务业支农的潜力、动力和溢出效果均存在明显区别，从而使服务环境、强度和贡献率也有所不同。综合环境好的地方，生产性服务业发展会较为完善，生产要素投入产出率也较高。从政策角度来看，在优势地区或发达地区，生产性服务业相关政策扶持力度更大。从生产性服务业结构来看，不同生产性服务业的发展状况存在差异，既有结构差异，又存在区域差异，这也势必都会使得我国生产性服务业支农溢出的效果出现不平衡特征，从而导致生产性服务业支农效果、政策等出现差异化现象。

2.3　生产性服务业影响农业全要素生产率的作用机理

2.3.1　基于生产性服务业增长角度的作用机理

生产性服务业为农业发展提供了新的思路和路径选择。生产性服务业能源源不断地向农业发展输送资本、技术及专业化服务，有效促进农业生产的协调分工。随着生产性服务业不断向农业生产渗透，越来越多的农业生产者会更多地选择将不擅长的环节或生产之外的环节外包给生产性服务业部门，以不断降低自身的交易成本，有效地应对市场变化和各种风险。生产性服务业与农业发展的融合，能在较大程度上倒逼农业生产部门进行技术革新，不断推动产业结构升级，使得农业生产价值链不断向高端攀升，从而提高农业劳动生产率。此外，生产性服务业还有助于打破长期以来农业粗放型发展的固有模式，倒逼农业发展方式向低能耗、绿色、高质量模式转变。进一步地，本章分别借鉴 Feder（1982）和 Ciccone（1996）提出的理论模型，阐释生产性服务业规模变化对农业发展的影响。

（1）Feder 两部门模型。Feder 将生产性服务业视为农业生产过程中的中间投入环节，认为第一产业包括生产性服务业和农业两部门，且假设生产性服务业对农业的影响弹性是不变的，两大部门的要素边际生产率存在差异但差异值相等。根据上述假设，农业和生产性服务业的两部门生产函数分别可表示为

$$A = A(K_A, L_A, S) \qquad\qquad （式 2-1）$$

$$S = S(K_S, L_A) \qquad\qquad （式 2-2）$$

$$Y = K + S \qquad\qquad （式 2-3）$$

式 2-1 至式 2-3 中，A、S、Y 依次表示农业、生产性服务业和整个第一产业的产出情况。K_A 和 L_A 依次表示农业部门中的资本和劳动投入指标，K_S 和 L_S 依次代表生产性服务业部门中的资本和劳动投入指标。上述公式描述了生产性服务业是农业生产的中间投入环节或要素。

分别对式 2-1、式 2-2、式 2-3 求全微分，可得到以下公式：

$$dA = \frac{\partial A}{\partial K_A}dK_A + \frac{\partial A}{\partial L_A}dL_A + \frac{\partial A}{\partial S}dS \qquad\qquad （式 2-4）$$

$$dS = \frac{\partial S}{\partial K_S}dK_S + \frac{\partial S}{\partial L_S}dL_S \qquad\qquad （式 2-5）$$

$$dY = dA + dS \qquad\qquad （式 2-6）$$

式 2-4、式 2-5 中，$\partial A/\partial K_A$ 和 $\partial A/\partial L_A$ 分别表示农业的资本边际产量和劳动边际产量；$\partial S/\partial K_S$ 和 $\partial S/\partial L_S$ 分别表示生产性服务业的资本和劳动的边际产出变量；$\partial A/\partial S$ 则反映了生产性服务业对农业发展的影响程度，为农业对生产性服务业的边际影响。

假设部门间的差异值为 ϑ，则农业和生产性服务业的要素边际产量的相互关系可以表示如下：

$$\frac{\partial S/\partial K_S}{\partial A/\partial K_A} = \frac{\partial S/\partial L_S}{\partial A/\partial L_A} = 1 + \vartheta \qquad (式2-7)$$

式2-7中,当 $\vartheta > 0$ 时,表明相对于农业的要素边际生产率,生产性服务业的要素边际生产率更大;当 $\vartheta = 0$ 时,说明农业的要素边际生产率等于生产性服务业的要素边际生产率;当 $\vartheta < 0$ 时,表明相对于农业的要素边际生产率,生产性服务业的要素边际生产率更小。

进一步假设 K 和 L 依次表示整个国民经济的资本和劳动投入指标,则满足以下:

$$K = K_A + K_S , L = L_A + L_S \qquad (式2-8)$$

$$dK = dK_A + dK_S , dL = dL_A + dL_S \qquad (式2-9)$$

由式2-7可知:

$$\frac{\partial S}{\partial K_S} = (1 + \vartheta) \frac{\partial A}{\partial K_A} , \frac{\partial S}{\partial L_S} = (1 + \vartheta) \frac{\partial A}{\partial L_A} \quad (式2-10)$$

基于式2-8和式2-9,进一步整理可得:

$$dY = \frac{\partial A}{\partial K_A}dK + \frac{\partial A}{\partial L_A}dL + (\frac{\partial A}{\partial S} + \frac{\vartheta}{1 + \vartheta})dS \quad (式2-11)$$

为分离出生产性服务业对农业发展的影响,这里假设不变弹性为 η ,则有

$$\eta = \frac{\partial S}{\partial A}\frac{A}{S} \Rightarrow \frac{\partial S}{\partial A} = \eta \frac{A}{S} \qquad (式2-12)$$

将式2-12代入式2-11,两边同时分别除以 Y ,整理后可得:

$$\frac{dY}{Y} = \frac{\partial A}{\partial K_A}\frac{dK}{K}\frac{K}{Y} + \frac{\partial A}{\partial L_A}\frac{dL}{L}\frac{L}{Y} + (\eta \frac{A}{S} + \frac{\vartheta}{1 + \vartheta})\frac{dS}{S}\frac{S}{Y}$$

$$(式2-13)$$

对式2-13进一步变化可得到:

$$\frac{dY}{Y} = \frac{\partial A}{\partial K_A}\frac{dK}{K}\frac{K}{Y} + \frac{\partial A}{\partial L_A}\frac{dL}{L}\frac{L}{Y} + \eta\left(1 - \frac{S}{Y}\right)\frac{dS}{S} + \frac{\vartheta}{1+\vartheta}\frac{S}{Y}\frac{dS}{S}$$

（式 2 - 14）

在式 2 - 14 中, dY/Y 为第一产业增长率, dL/L 和 dK/K 分别表示第一产业的劳动增长率和资本增长率。$\frac{S}{Y}\frac{dS}{S}$ 反映了生产性服务业部门直接影响农业部门的情况, 而 $\left(1 - \frac{S}{Y}\right)\frac{dS}{S}$ 则体现了农业部门通过与生产性服务业部门的弹性关系来影响农业部门的情况。因此, 我们不难得出, 生产性服务业的规模变化会对农业部门的发展产生重要影响的推论。

（2）Ciccone 模型。为了深入论证生产性服务业会直接关联到农业发展, 这里基于 Ciccone 的研究, 试图进一步论证生产性服务业发展影响农业生产率的情况:

Ciccone 假设生产性服务业是产品之间具有差别对称性和连续性的垄断竞争行业。这里根据垄断竞争模型的做法, 使用 CES 的不变弹性函数来刻画生产性服务业供给量 S , 可以表示为

$$S = \left\{\int_0^n [x(i)]^{1-1/\sigma} di\right\}^{1/(1-1/\sigma)} \qquad \text{（式 2 - 15）}$$

$$S = n^{1/(1-1/\sigma)} x \qquad \text{（式 2 - 16）}$$

式 2 - 15 中, $x(i)$ 表示生产性服务产品状况, σ 反映了生产性服务业产品间的替代弹性大小, 上式满足 $\sigma > 1$ 的条件。

同样, 将生产性服务业视为农业生产过程中的投入要素, 假设单位农业产品生产的所需的土地、资本等是给定的, 资本和土地的价格均是外生的, 引入柯布—道格拉斯生产函数, 则农产品的生产函数可表示为

$$f(L_A, S) = L_A^{1-\beta} S^{\beta} \qquad \text{（式 2 - 17）}$$

式 2 - 17 中, L_A 表示农业生产的劳动投入。在垄断竞争模型

中，每个生产性服务业垄断厂商生产产品，都遵循的定价策略为

$$p = \frac{MC}{1 - 1/\sigma} \qquad (\text{式} 2-18)$$

式 2-18 中，MC 和 P 分别表示边际成本和价格变量。在市场可以自由进入的情形下，会最终实现均衡时的厂商最终利润为 0。假设在单位劳动报酬为 ω 的情形下，生产 x 单位的生产性服务业产品需要投入劳动要素 L_S，且满足 $\omega = MC$，则提供生产性服务业产品的厂商利润函数可表示如下：

$$\pi = Px - \omega L_S \qquad (\text{式} 2-19)$$

则有

$$x = (1 - 1/\sigma) L_S \qquad (\text{式} 2-20)$$

将式 2-20 代入式 2-16，可得到如下公式：

$$S = n^{1/(1=1/\sigma)} (1 - 1/\sigma) L_s \qquad (\text{式} 2-21)$$

基于此，农产品的生产函数可以进一步改写为

$$f(L_A, L_S) = n^{\frac{\beta\sigma}{\sigma-1}} (1 - 1/\sigma)^\beta L_s^\beta L_A^{1-\beta} \qquad (\text{式} 2-22)$$

由式 2-22 可得出农业部门的生产率为

$$\frac{f(L_A, L_S)}{L_A} = n^{\frac{\beta\sigma}{\sigma-1}} (1 - 1/\sigma)^\beta L_S^\beta L_A^{-\beta} \qquad (\text{式} 2-23)$$

采用农业与生产性服务业两者之间的劳动投入来反映生产性服务业的规模水平，对式 2-23 求偏导，由于 $\sigma > 1$ 且 $\beta < 1$，则可得：

$$\frac{\partial \dfrac{f(L_A, L_S)}{L_A}}{\partial \dfrac{L_S}{L_A}} = n^{\frac{\beta\sigma}{\sigma-1}} (1 - 1/\sigma) \left(\frac{L_S}{L_A}\right)^{\beta-1} > 0 \qquad (\text{式} 2-24)$$

由式 2-24 可知，随着生产性服务业规模的不断增长，农业生产率也在以一定水平持续提高。也就是说，生产性服务业发展对农业生产率改善具有正向作用。

2.3.2　基于生产性服务业集聚角度的作用机理

产业集聚是生产性服务业发展的另外一个重要体现，其主要通过以下四个方面对农业全要素生产率产生影响，分别是规模经济效应、竞争效应、专业化效应和知识溢出效应。一般来讲，生产性服务业集聚支农溢出的具体机制表现为以下几个方面：

第一，生产性服务业集聚的规模经济效应。规模经济效应是指由于产业规模水平变大，因生产、经营成本下降而出现的成本优势效应。生产性服务业集聚区内存在大量的企业单元，因集聚必然会带来地理空间上生产性服务业企业及其相关企业的相对集中，促使知识、技术、信息、设备、人力等资源的大量汇集。这种情形下，集聚区内的所有企业较容易共享到信息资源、市场资源、公共基础设施和要素资源等，从而减少了投资成本和生产经营成本。规模经济效应主要表现在两个方面：一是生产性服务业企业运营成本的下降会促使农业生产者的外包成本下降，推动农业生产者将价值链上不擅长的生产环节或内容外包给专业的生产性服务部门，随着专业分工的深化和持续，生产性服务业的知识服务供给能力在不断提高，使农业生产者有更多精力和更高能力专注于农业生产经营的核心环节，并创造出更多的价值，推动农业全要素生产率水平提升。二是大量同类生产性服务业企业的集聚，会较为明显地促进集聚区内的生产要素集聚，这在无形中会降低农业生产者在获取资金、劳动等要素时的成本。此外，这种要素在生产性服务业集聚区内的快速流转，还会间接促使其他企业相关技术的溢出，这在无形中也会促进农业部门的技术进步水平提升，从而进一步改善了农业全要素生产率。

第二，生产性服务业集聚的竞争效应。由于集聚区内大量生产性服务业企业在地理空间的集中出现，加之集聚区内各种资源又是有限的，致使这些企业在诸多方面存在竞争关联，比如资金、资本、公共设施、人才和市场份额等。随着生产性服务业集聚程度的不断深化，企业数量会越来越多，企业间的竞争也会日趋激烈，企业在竞争中一旦处于劣势地位，则很可能面临被淘汰的风险。这种情形下，竞争会给企业带来一种无形压力，推动生产性服务业企业不断提高服务效率、优化服务质量。正是由于集聚区内生产性服务业企业的竞争，为促进农业生产者提升生产率创造了有利条件。首先，集聚有利于农业生产者节约成本。作为农业生产者的中间投入环节，生产性服务企业往往会通过降低服务价格的方式来维持自身市场份额，由此不断减少农业生产者的生产成本，使得农业生产者可以集中更多的资源、资金进行新技术开发。其次，生产性服务业集聚有利于农业生产者改善外部环境。生产性服务业可借助提高服务质量、降低服务价格等多种方式，不断提升自身的知识或服务供给能力，这个过程可为农业生产活动营造出良好的外包环境，更有利于农业生产者选择将更多的农业生产活动外包给专业的生产性服务业部门，同时大量的优质生产性服务业集聚，能有效降低农业生产者在外包活动中的不确定性风险，有利于农业生产者对新时代下农业高质量发展的需求做出及时应对。

第三，生产性服务业集聚的专业化效应。生产性服务业的专业化集聚已然成了一种必然趋势，这使得集聚区内的生产性服务业企业功能持续从多样化向单一化转变，改变了企业集咨询、营销、广告等服务为一体的综合性服务，变为只提供某一项服务，从而使得生产性服务业企业能为农业生产提供更加细致专业的服务。这种情形下，农业生产者多选择将部分生产性服务活动外包出去，并将优势资源集中在核心价值环节。随着生产性服务业分工的继续深化，大量生产性服务业企业在地理空间上集聚，使得生产性服务业企业在某一价值链环节上实行专业化经营。生产性服务业具备的专业化服务能力和经营模式，使其在较大程度上具备了农业部门提供更加优质、高端的知识和服务的能力，进而促进农业生产者的竞争力提升。生产性服务环节技术水平的不断提升，会持续倒逼农业生产者提升自身生产率，以应对生产性服务环节的变化。生产性服务业专业化的服务方式，能带来农业生产服务环节附加值的提高，而这种改善又不可避免地会融入最终农产品的价值提升中去，由此有效实现了农产品技术创新，进一步促进了农业提质增效能力。

第四，生产性服务业集聚的知识溢出效应。空间集聚能明显促进集聚区内生产性服务业企业之间的互动交流和相互学习。集聚区内的知识溢出是信息、知识和技术等传递和扩散的动态过程，知识技术的动态流动能够通过加强集聚区内企业间的技术关联，诱发集聚区内的知识、技术溢出。生产性服务业对农业生产者的知识溢出主要表现为：一是生产性服务业在向农业生产者提供中间投入服务的过程中，会将技术、知识等要素传递到农业经营活动中。二是生产性服务业企业与其农业生产者之间具有频繁的人员流动，这种流动带来的不仅仅是劳动力那么简单，还能实现相关知识、技术在农业生产活动中的有效传递。三是生产性服务业企业与农业在工程、项目等领域存在直接或交叉式合作，双方之间的信息共享有利于创新成果不断向农业生产领域扩散。总体来看，生产性服务业集聚通过知识溢出效应将相关知识、技术等传递给农业，既有利于推动农业生产者了解并掌握新技术、新方法和新知识，不断通过提高产品或服务的科技含量来提升产品附加值，又有利于信息、知识、技术等要素的有效传递，提升农业的自主创新能力。

基于上述生产性服务业集聚对农业生产率影响的机制阐释发

现，生产性服务业集聚可通过知识溢出效应促进农业转型升级。这里从知识溢出角度进一步做数理推导加以论证。知识溢出理论假设整个经济中的劳动力结构包含非熟练技术工人和熟练技术工人两种类型，假设熟练技术工人的总量不会随时间的变化而变化，将其总量标准化为1。假设区域 i 的知识资本存量可用 K_i 表示，这其中，生产性服务业的人力资本占比水平可表示为 ε_i，那么区域 i 在既定的时间内的生产性服务业产出可表示如下：

$$A_i = K_i \varepsilon_i \qquad （式2-25）$$

可以认为，区域 i 的知识资本存量 K_i 源于熟练工人带来的正向外部性，且熟练技术工人地理空间分布会影响到这种正向外部性的变化。假设区域内某熟练技术工人 j 的知识存量为 $h(j)$，则不难得出，K_i 可表示如下：

$$K_i = \left[\int_0^{\varepsilon_i} h(j)^\beta dj + \eta \int_0^{1-\varepsilon_i} h(j)^\beta dj \right]^{\frac{1}{\beta}} \qquad （式2-26）$$

式2-26中，η 表示不同行业之间的知识溢出技术外部性水平，β 为人力资源的知识溢出水平。熟练技术工人的知识存量可以简单地理解为创新活动的产出，这通常以专利数量为代表，专利又往往导致产品出现差异化。故进一步假设区域 i 的知识存量以农业产品种类 M 来代替，那么式2-26可进一步变化为

$$K_i = M \left[\varepsilon_i + \eta(1-\varepsilon_i) \right]^{\frac{1}{\beta}} \qquad （式2-27）$$

从式2-27可知，如果 $\eta = 1$，则表明技术和知识在不同行业间完全实现共享。此时，满足 $K_i = M$，说明农业发展将从生产性服务业中获取技术进步溢出，促进农业生产率。如果 $\eta = 0$ 时，表明技术和知识在行业间不能充分共享，完全私有化。此时，满足 $K_i = Mf(\varepsilon_i)$。假设 f 为严格凸的增函数，且 $K_i = Mf[\varepsilon_i + \eta(1-\varepsilon_i)]$，则有 $f' > 0$，$f'' > 0$，且 $f(0) = 0$，$f(1) = 1$。也就是说，随着区域 i 人力资本占比水平的提高，知识资本存量水平呈现增加

趋势。又因为区域内熟练工人的地理空间聚集状态决定了知识资本存量，式 2 - 27 可进一步变化为

$$A_i = Mf[\varepsilon_i + \eta(1 - \varepsilon_i)]\varepsilon_i \qquad (式2 - 28)$$

接着假设在知识产权保护下，专利的期限可以被无限延长，则企业在获取某项专利并生产该种产品时，就可以始终保持细分领域的垄断地位。这种情形下，这里可基于新产生的专利数表示农业生产的新产品数，函数式为

$$M = A_A + A_B = M\{\varepsilon f[\varepsilon + \eta(1 - \varepsilon)] + (1 - \varepsilon)f(1 - \varepsilon + \eta\varepsilon)\}$$

$$(式2 - 29)$$

式 2 - 29 中，熟练技术工人在生产性服务业集聚区和农业生产者的参数分别是：$A = \varepsilon$，$B = 1 - \varepsilon$。这里令 $f_A(\varepsilon) = f[\varepsilon + \eta(1 - \varepsilon)]$，$f_B(\varepsilon) = f[1 - \varepsilon + \eta\varepsilon]$。因此，农业技术进步的增长率可表示为

$$g(\varepsilon) = \frac{\dot{M}}{M} = \varepsilon f_A(\varepsilon) + (1 - \varepsilon)f_B(\varepsilon) \qquad (式2 - 30)$$

式 2 - 30 反映了生产性服务业集聚与农业技术进步之间的函数关系。在知识和技术不完全扩散的情形下，当 $\eta < 1/2$ 时，生产性服务业在地理空间上分散不能较好地推动农业发展，相反生产性服务业集聚则有利于农业进步。

2.4　生产性服务业影响农业全要素生产率的分析框架

生产性服务业作为农业发展的中间环节，能通过价值增值、服务溢出、专业分工等作用，对农业全要素生产率改善产生一定的积极影响，这种影响会因研究的区域分布、产业结构和约束条件等的不同而不同。要清楚解析生产性服务业能否成为农业全要素生产率提升的重要动力，以及如何影响等困惑，一些无法规避

的问题体现在以下几方面：生产性服务业对农业全要素生产率的影响效应、路径和空间差异如何，生产性服务业内部构成如何影响农业全要素生产率，存在何种结构差异，生产性服务业影响农业全要素生产率的规律是什么，何种影响又存在何种约束条件，对这些问题的回答需要深入揭示生产性服务业支农的总体效应、结构效应和动态效应。

根据前文分析，生产性服务业和农业作为两个紧密相连的生产部门，生产性服务业能促进农业专业化分工、降低农业交易成本、为农业提供价值增值服务，也能通过空间集聚为农业提供更加便利、低成本的知识和服务，从而促进了农业全要素生产率，产生总体层面的生产性服务业支农溢出现象。生产性服务业主要向农业提供高度专业化的知识和服务，知识具有密集性和溢出性等鲜明特征，生产性服务业支农的溢出效应，不仅会在一定程度上受到生产性服务业供给知识和服务的强度、质量等的约束，还会受到农业自身发展的吸收能力所限制，加之不同区域生产性服务业和农业发展的差异是不断动态变化的，导致生产性服务业对农业全要素生产率的影响可能不仅仅只是简单意义上的线性关联，而会出现非线性的异质动态关联，即随着生产性服务业增长水平和集聚水平的变化，生产性服务业支农的效果也是动态变化的。根据集聚理论可知，当产业集聚水平适度或合理的时候，能有效促进资源配置，发挥集聚优势，促进效率提升，但集聚水平过高时反而会产生"拥塞效应"，从而不利于效率水平提高。正因为生产性服务业影响农业的这种特性，导致了生产性服务业影响农业全要素生产率的异质动态溢出的产生。生产性服务业是一个有众多细分生产性服务业组成的系统或集合，每个细分生产性服务业的增长水平和集聚水平都是不一样的，其为农业供给知识和服务的特征、方式等都存在差异，而细分生产性服务业的空间集聚程度、规模增长水平都会对农业全要素生产率及其构成施加不同强度的作用力。与此相对应的，何种细分生产性服务业集聚的支农效果更为明显，而何种类型的细分生产性服务业并不适合在地理空间上集聚，哪些细分生产性服务业规模增长对农业全要素生产率贡献最大等，都会导致生产性服务业支农的"结构差异"，引发生产性服务业支农的"结构效应"。

根据上文的相关理论阐释以及结合本书的研究需要，这里将本书的分析框架归纳为图 2－1。由图 2－1 可知，本书的主要思路是，首先基于产业增长和产业集聚的双维度，探讨生产性服务业增长和集聚作用于农业全要素生产率的理论依据、作用机理、三大效应。其次，在构造或测度生产性服务业增长指数、集聚指数和农业全要素生产率及其分解指数的基础上，用计量模型等手段剖析生产性服务业支农的总体效应、结构效应和动态效应。最后，在上述研究的基础上，本书给出了生产性服务业支农的政策设计及安排。

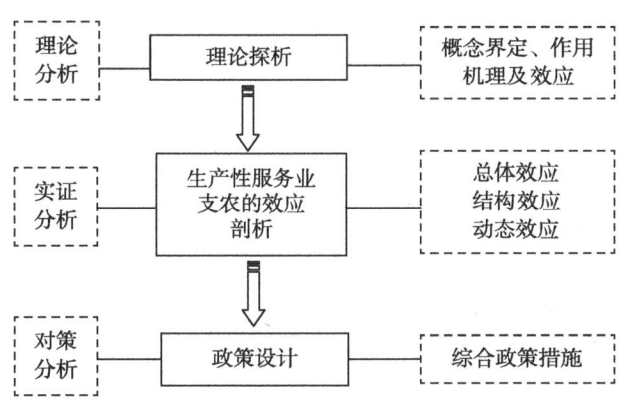

图 2－1　生产性服务业支农的分析框架

2.5 本章小结

本章首先分别对生产性服务业和农业全要素生产率的相关概念进行了辨析，对其内涵和外延等进行了相应的分析。其次，将产业关联理论、专业分工理论、产业集聚理论、交易成本理论和不平衡增长理论作为本书研究相关内容的理论支撑，并基于上述理论对生产性服务业影响农业全要素生产率做了初步的理论探析。再次，根据相关理论，基于产业集聚和产业增长的双重视角以及理论层面，运用数理模型与归纳法等手段论证生产性服务业发展与农业全要素生产率之间的内在关联，为本书的后续分析奠定理论基础。最后，理论分析了生产性服务业支农的总体效应、结构效应和动态效应，并结合理论分析进一步完善了本书的逻辑分析框架。

第三章 中国生产性服务业发展的特征事实及差异分析

规模增长和空间集聚是生产性服务业发展的两个重要特征，深入剖析生产性服务业的支农效应，应以构建生产性服务业增长指数和集聚指数为前提，这也能从规模增长和空间集聚的双维度揭示生产性服务业发展的事实特征及差异。本章拟在前文理论分析的基础上，以现有生产性服务业水平测算研究为基础，阐明生产性服务业构成及相关特征，并分别对生产性服务业和细分生产性服务业的增长水平指数和集聚指数进行计算，旨在通过产业增长和产业集聚的双重视角，揭示生产性服务业及其构成发展的事实特征、差异及变动状况，在进行生产性服务业发展现状分析的同时，为后续分析提供事实和实证依据。

3.1 生产性服务业的分类及特征

3.1.1 生产性服务业的分类

由于不同国家生产性服务业发展状况不尽相同，学界对其分类方式存在差异，但对生产性服务业由众多细分行业和部门组成这一事实已达成共识。西格曼（Singelman，1978）认为，生产性服务业主要包括五大细分产业，它们分别是房地产开发、金融、出版、保险、法律。丹尼尔斯（Daniels，1985）认为，除了保险、银行、金融等外，生产性服务业还能向关联产业提供较为充分的科学服务、安全服务、办公清洁和物流配送业。马歇尔（Marshall，1987）把生产性服务业分为以保险、银行、会计等为代表的信息加工服务，以交通管理、销售等为代表的商品服务以及食宿为代表的人员支出服务。吴智刚等（2003）把生产性服务业划分为信息咨询服务、房地产、金融、科学研究和综合技术服务、计算机应用服务、邮电通信与交通运输等产业部门。唐晓华等（2018）、张虎和韩爱华（2018，2019）认为，生产性服务业包括金融业，信息传输计算机服务和软件业，交通仓储和邮电业，租赁和商务服务业，科研技术服务和地质勘查业五大行业。梁红艳（2018）认为，生产性服务业包括六个代表性行业，一是信息传输、计算机服务和软件业，二是金融业，三是交通运输、仓储和邮政业，四是科研、技术服务和地质勘查业，五是租赁和商务服务业，六是房地产业。韩峰和谢锐（2017）、李平等（2017）认为，生产性服务业可划分为七个部门，具体如下：一是批发零售贸易业，二是金融业，三是交通运输和仓储业，四是租赁与商服业，五是科学研究和技术服务业，六是水利环境和公共设施管理业，七是软件和信息技术服务业。胡铭（2013）和王耀中（2016）将生产性服务业分为八个部门：一是计算机服务和软件业，二是交通运输、仓储和邮政业，三是批发零售业，四是科学研究、技术服务业和地质勘查业，五是水利、环境和公共设施管理业，六是租赁和商务服务业，七是金融业，八是住宿和餐饮业。国内外多数学者把中间需求率超过50%的服务业视为生产性服务业，但目前关于生产性服务业的构成，学术界和政府并没有完全达成共识。

随着农业分工的深化，生产性服务业为农业生产经营活动提供了一系列服务和支撑，包括物流供应、技术研发、批发零售、金融支持、咨询管理、仓储流通等内容，其与农业发展的关联日益紧密。对于农业领域生产性服务业的界定，本书主要参照胡铭（2013）、王耀中（2016）和郝爱民（2013）的做法，将生产性服务业划分为八个细分部门：一是计算机服务和软件业，二是交通运输、仓储和邮政业，三是批发零售业，四是水利、环境和公共设施管理业，五是租赁和商务服务业，六是科学研究、技术服务业和地质勘查业，七是金融业，八是住宿和餐饮业，并以此为基础进行研究。

3.1.2 生产性服务业的特征

生产性服务业具有较为鲜明的特征，主要体现在以下六个方面：

第一，产业关联性。生产性服务业的产业关联是指在经济活动中，生产性服务业与其他产业之间形成的广泛经济联系。生产性服务业的经济联系有纵向和横向之分，其中将从企业价值链的视角来定义的经济联系视为纵向经济联系，这种联系可分为前向联系和后向联系两种。生产性服务业的横向经济联系反映了其与其他非竞争性产业之间的战略联盟或优劣互补关联。作为一种服务于生产活动的服务行业，生产性服务业始终渗透企业生产活动过程的各个阶段，为各行业提供中间投入。生产性服务业与包括农业、工业和服务业在内的诸多产业及细分产业有着密切关联。随着制造业的进一步发展，制造业内置的生产性服务活动被逐步外化，导致生产性服务业不断从制造业发展中剥离出来，可见生产性服务业与制造业发展有着密切的关联性。同时生产性服务业与其他产业之间也存在广泛的关联，深刻影响着除制造业之外的包括农业在内的其他关联产业的生产活动。

第二，价值增值性。为最终产品提供中间投入服务，这是生产性服务业的本质特征。生产性服务业的主要作用在于使得生产资料再次投入其他产业的生产过程中，并产生更好、更高的价值，这决定了其消费是生产性消费而非最终消费。生产性服务业在消费过程中，会向其他部门生产或供给更多种类的产品，向社会提供更广泛的知识或服务。生产性服务业通过提供更深度化、专业化、高科技的服务，既能大幅度降低农业等其他产业生产各环节的交易成本，又能持续提升了农业等其他产业所生产产品的附加值，表现出明显的价值增值特征。生产性服务业不仅可为以制造业为代表的第二产业提供中间投入，也能为农业和其他服务业提供中间投入。随着经济结构的不断优化，服务业规模越来越大，生产性服务业所占比重也将日益增大，但其促进关联产业价值增值的特征并没有改变。

第三，知识密集性。生产性服务业的投入多为知识资本和人力资本，对从业人员素质有着较高的要求，比如人力资源禀赋、从业者的受教育水平、专业知识、创新活力等；生产性服务业为其他产业提供专业化的知识和技术服务，为了满足市场的需要，相对应产业倒逼生产性服务业为其供给富有科技和知识含量的产品。不难发现，生产性服务业在劳动力雇佣方面有着更高的要求。高素质的人力资本的注入，使得生产性服务业本身的技术创新、知识创新和管理创新等方面不断突破，为服务对象提供更高效、更专业、更优化的服务供给，满足生产者在设计、研发、管理、培训、市场、售后等一系列生产活动中的需求。这种情形下，生产性服务业在不断向服务对象输送知识、技术的同时，也会倒逼自身不断提升知识和技术服务能力，以及其技术和知识的密集度。如此循环往复，使得生产性服务业的知识资本和人力资本不断累积，产业发展日益专业化，知识密集性特征更加凸显。

第四，空间聚集性。一般来讲，在发达国家、城市中心区以及大都市，生产性服务业有着更为明显的空间集聚特征，在这些地区内已成为拉动经济增长的主导产业，贡献甚至并不弱于制造业。生产性服务业多集中在都市或经济发达地区的原因在于，其以较强的人力资本和知识资本作为中间投入，能够较容易获得快速发展的基础条件支撑，包括高素质的人才、便利快捷的交通和较大的需求市场等利好因素。另外，生产性服务业是典型的知识密集性行业，随着知识密集度和技术密集程度的不断提高，生产性服务业发展向城市中心区聚集的趋势将更为明显。从实际情况看，目前生产性服务业集聚地已占领世界上许多大城市的中心区，使得城市发展实现了由"工业中心"向"生产性服务业中心"的转型。因此，生产性服务业在地理空间上的集聚，不仅能提供较好的产业发展环境，降低市场的交易成本，而且能够促进社会更有效发挥生产的比较优势，持续优化资源配置，进而促进产业结构优化升级和技术进步。

第五，外部溢出性。随着经济全球化的快速发展和新技术的兴起，市场竞争的日趋激烈，产业链的分工被不断细化，一些原本由企业独立完成但缺乏比较优势的服务活动被逐渐剥离，并成为委托给专业的服务部门提供的独立性服务，从而使得制造业、农业等产业的生产性服务活动日渐外部化，即出现了生产服务的外包现象。一般来讲，生产服务的外包可以更好发现企业的"比较优势"，通过将资源集中于具有比较优势的环节来优化资源配置水平，提高资源的使用效率，并能在无形中降低生产过程的不确定性风险，从而在一定程度上增强了企业的经营效率，对提高企业竞争优势产生了积极影响。随着社会分工的进一步细化，越来越多的企业按照比较优势原则，将部分服务外包，促进了资源跨企业、跨行业、跨地区甚至跨国的优化配置，从而推动了生产性服务业对关联产业的正向外部性溢出。

第六，高度专业性。随着社会分工的日益细化，生产服务业的内涵与外延也在随之不断地深化，但高度专业性一直是生产性服务业发挥作用的重要条件。生产性服务业属于资本、知识、技术等方面高度密集的服务行业，能够有效把知识资本、人力资本引入产品的具体生产过程中，促进相关产业生产活动的专业化，大幅度降低服务成本，提高服务对象的生产率水平。由于资源的稀缺性，现代企业多是选择将自己有限的资源集中在核心领域，将不擅长的业务或效率较低的边界业务外包给专业部门、专业人员和社会生产服务部门来解决。加之随着互联网、大数据、人工智能等新技术的快速发展，新型服务业、新的服务模式不断涌现和产生，极大限度地完善了生产性服务业领域，丰富了生产性服务业的服务类型，导致其在服务业乃至整个经济中的占比越来越高。不难得知，专业化是生产性服务业的不可忽视的鲜明特征，是提升产品附加值和产业竞争力的重要源泉。

3.2　中国生产性服务业增长的特征事实及差异

3.2.1　生产性服务业增长的总体特征及差异

对于生产性服务业增长（psc）指标的设定，用来度量产业增长的主要指标通常包括从业人数、产值等，服务业产值指标虽具有一定的合理性，但其产品特性导致增加值难以被准确测算，产值也往往被严重低估，而服务业从业人数比产值指标更为全面，从业人员在产业内的流动也代表了资源和资本的流动方向。因此，考虑到统计口径和方法的一致性，这里参照王耀中和江茜（2016）、郝一帆和王征兵（2018）、张虎和韩爱华（2018）的做法，采用生产性服务业从业人数作为衡量指标，并对其进行对数化处理，测算结果见表3－1。

表3－1 2003—2016年中国30省份生产性服务业规模增长水平指数

省份	2003 年	2005 年	2007 年	2009 年	2011 年	2013 年	2015 年	2016 年	平均值
北京	5.305	5.398	5.554	5.754	5.859	5.971	6.068	6.100	5.732
天津	3.876	3.903	3.960	3.993	4.057	4.254	4.358	4.431	4.082
河北	4.657	4.618	4.609	4.648	4.683	4.902	4.947	4.959	4.734
山西	4.376	4.341	4.382	4.379	4.423	4.555	4.544	4.537	4.431
内蒙古	3.924	3.898	3.931	3.968	4.032	4.293	4.247	4.254	4.045
辽宁	4.708	4.690	4.710	4.739	4.896	5.046	5.021	4.968	4.833
吉林	4.265	4.076	4.040	4.093	4.140	4.289	4.251	4.261	4.168
黑龙江	4.661	4.507	4.522	4.515	4.543	4.634	4.648	4.677	4.577
上海	4.787	4.773	4.849	4.978	5.184	5.558	5.689	5.704	5.139
江苏	4.903	4.848	4.847	4.910	5.012	5.543	5.549	5.540	5.093
浙江	4.555	4.605	4.748	4.995	5.209	5.270	5.311	5.327	4.988
安徽	4.287	4.189	4.186	4.206	4.333	4.574	4.629	4.662	4.346
福建	3.998	4.042	4.115	4.267	4.416	4.675	4.756	4.775	4.353
江西	3.990	3.964	3.934	3.954	4.074	4.353	4.402	4.372	4.103
山东	4.943	4.955	4.944	5.058	5.156	5.489	5.477	5.482	5.146
河南	5.060	5.009	4.975	4.935	5.007	5.201	5.263	5.318	5.066
湖北	4.749	4.668	4.567	4.632	4.678	4.990	5.020	5.044	4.760
湖南	4.486	4.359	4.395	4.513	4.633	4.761	4.744	4.737	4.565
广东	5.196	5.307	5.370	5.437	5.624	5.982	6.028	6.079	5.585
广西	4.132	4.155	4.174	4.221	4.329	4.459	4.453	4.424	4.278
海南	2.814	2.880	2.961	2.980	3.167	3.589	3.431	3.459	3.121
重庆	3.828	3.812	3.888	3.993	4.235	4.559	4.606	4.599	4.151
四川	4.500	4.541	4.557	4.616	4.659	5.130	5.161	5.188	4.746
贵州	3.647	3.654	3.692	3.730	3.799	4.036	4.027	4.048	3.808
云南	4.038	3.921	4.070	4.175	4.287	4.552	4.526	4.540	4.234
陕西	4.366	4.373	4.351	4.374	4.508	4.798	4.882	4.905	4.532
甘肃	3.718	3.726	3.637	3.611	3.622	3.895	3.875	3.928	3.731
青海	2.403	2.386	2.383	2.501	2.628	2.706	2.660	2.688	2.525
宁夏	2.559	2.519	2.508	2.536	2.572	2.822	2.856	2.845	2.634

续表

省份	2003 年	2005 年	2007 年	2009 年	2011 年	2013 年	2015 年	2016 年	平均值
新疆	3.723	3.753	3.751	3.755	3.910	4.061	4.094	4.098	3.873
全国平均	4.215	4.196	4.220	4.282	4.389	4.632	4.651	4.665	4.379
标准差	0.713	0.714	0.724	0.743	0.753	0.771	0.799	0.801	—
变异系数	0.169	0.170	0.172	0.173	0.172	0.166	0.172	0.172	—

整体来看，2003—2016 年，中国生产性服务业增长水平从 4.215 增至 4.665，总体呈现比较缓慢且相对稳定的增长趋势，但增长幅度比较小。特别是近年来生产性服务业增长速度明显加快，生产性服务业增长水平从 2003 年的 4.215 增大至 2009 年的 4.282，增长幅度较小，而后由 2009 年的 4.282 增大至 2016 年的 4.665，增长幅度明显加快，表明近年来国家加快了生产性服务业的发展步伐。

从生产性服务业发展规模来看，北京的生产性服务业平均水平位于全国之首，广东、上海、山东、江苏和河南等省份紧随其后，而青海、甘肃、宁夏和新疆等地则具有相对较低的生产性服务业增长水平，青海的生产性服务业增长水平最低（见图 3-1）。

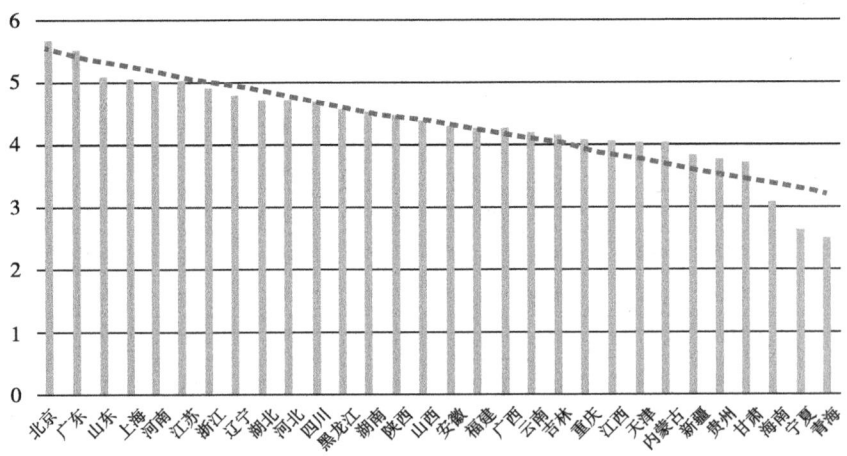

图 3-1　中国生产性服务业增长水平特征事实

不难发现,生产性服务业增长的高水平区域主要聚集于北京和东南沿海等东部地区,而中西部地区则总体具有相对较低的生产性服务业增长水平,中国生产性服务业增长总体呈现东部 > 中部 > 西部的鲜明特征。

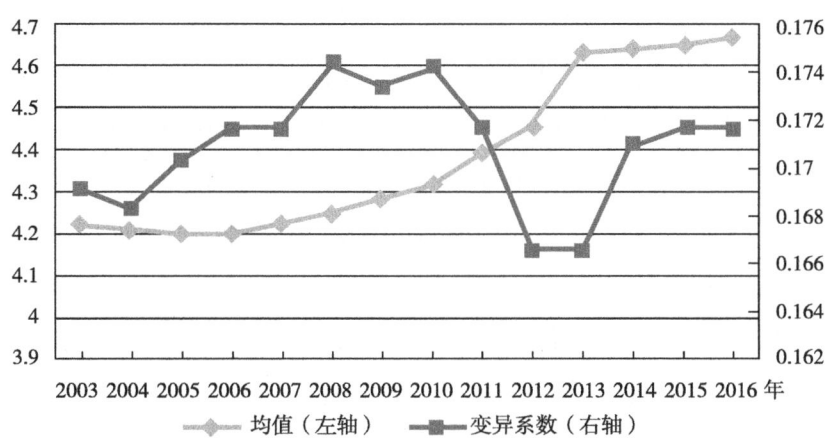

图3-2 中国生产性服务业增长水平的变动趋势

在整个考察期内,除了吉林省的生产性服务业增长水平出现轻微下滑外,全国其他省份和地区生产性服务业均呈现了明显增长趋势。全国层面的生产性服务业增长水平呈现了波动上升的增长态势(见表3-1),表现为2003—2005年增长水平出现了轻微下滑,之后逐年攀升,从2013年开始增速开始放缓。从变异系数的变动情况来看,反映生产性服务业增长水平的变异系数总体呈现波动增长趋势,由2003年的0.169增大至2016年的0.172,表明中国生产性服务业增长水平的区域差异总体具有轻微的扩大趋势。具体来看,2003—2010年,生产性服务业规模扩张的区域差异存在波动扩大,这一现象在2010—2013年得到了明显改善,但自2014年开始,生产性服务业规模扩张的区域差异又开始明显扩大。

3.2.2　生产性服务业增长的结构特征及差异

根据本书前面部分的分析，中国生产性服务业由八大细分产业组成，为了便于研究，细分产业生产性服务业增长水平分别编号如下：一是批发零售业（psc_1），二是交通运输、仓储和邮政业（psc_2），三是住宿和餐饮业（psc_3），四是水利、环境和公共设施管理业（psc_4），五是计算机服务和软件业（psc_5），六是科学研究、技术服务业和地质勘查业（psc_6），七是金融业（psc_7），八是租赁和商务服务业（psc_8）。其中，Psc_j 为各细分产业增长指数，数值越大，表明相应的细分产业生产性服务业增长水平越高，反之则越低。采用上文类似的方法，测算可得 2003—2016 年各细分生产性服务业平均增长水平如表 3 - 2 所示。

表 3 - 2　2003—2016 年中国 30 省份细分生产性服务业平均增长水平指数

省份	psc_1	psc_2	psc_3	psc_4	psc_5	psc_6	psc_7	psc_8
北京	4.009	3.902	3.313	2.148	3.716	3.836	3.380	4.123
天津	2.657	2.572	1.549	1.321	1.044	2.001	2.029	1.888
河北	3.265	3.270	1.679	2.298	1.846	2.337	3.148	1.955
山西	2.971	3.102	1.485	1.927	1.516	1.834	2.652	1.832
内蒙古	2.102	2.875	1.110	1.950	1.372	1.560	2.276	1.211
辽宁	2.998	3.526	1.899	2.568	2.097	2.515	3.067	2.402
吉林	2.375	2.858	1.106	2.034	1.549	1.916	2.327	1.461
黑龙江	3.023	3.316	1.386	2.225	1.744	2.378	2.664	1.647
上海	3.769	3.681	2.677	1.862	2.413	2.842	3.178	3.261
江苏	3.648	3.612	2.501	2.511	2.614	2.576	3.320	2.777
浙江	3.409	3.231	2.581	2.204	2.387	2.512	3.384	3.103
安徽	2.906	2.871	1.419	1.931	1.538	1.929	2.708	1.604
福建	2.888	2.905	1.976	1.521	1.673	1.748	2.567	2.160
江西	2.541	2.837	1.085	1.733	1.413	1.688	2.328	1.224
山东	3.843	3.617	2.544	2.559	2.260	2.461	3.470	2.606
河南	3.868	3.554	2.341	2.485	1.893	2.565	3.136	2.489

续表

省份	psc_1	psc_2	psc_3	psc_4	psc_5	psc_6	psc_7	psc_8
湖北	3.365	3.415	2.139	2.250	1.862	2.481	2.760	1.931
湖南	2.865	3.149	2.063	2.100	1.760	2.156	2.912	1.994
广东	4.091	4.104	3.339	2.644	3.080	2.983	3.657	3.604
广西	2.571	2.917	1.550	1.973	1.352	1.961	2.315	2.095
海南	1.523	1.558	1.541	0.845	-0.007	0.548	0.916	0.624
重庆	2.691	2.876	1.578	1.380	1.196	1.792	2.325	1.790
四川	3.105	3.333	1.949	2.276	2.177	2.713	3.036	2.052
贵州	2.475	2.282	1.081	1.266	0.908	1.596	1.878	1.264
云南	2.897	2.674	1.864	1.706	1.420	1.984	2.167	1.807
陕西	2.989	3.087	1.981	1.997	1.859	2.650	2.583	1.619
甘肃	1.988	2.433	0.891	1.480	0.773	1.714	1.868	0.835
青海	0.665	1.281	-0.642	-0.033	-0.174	0.758	0.619	-0.317
宁夏	0.767	1.194	-0.491	0.661	-0.418	0.242	1.050	0.248
新疆	2.043	2.567	0.968	1.598	0.808	1.651	1.997	1.702
全国平均	3.091	3.144	2.014	1.991	1.961	2.306	2.748	2.341

注：表中的负值是由于取自然对数所致。

由表3-2可知，生产性服务业细分产业增长水平存在明显的结构差异，交通运输、仓储和邮政业的平均规模水平最大，批发零售业、金融业平均增长水平紧随其后，规模水平最小的生产性服务业的细分产业是计算机服务和软件业（见图3-3）。进一步发现，不同生产性服务业增长水平存在明显的省际差异。对于批发零售业，增长水平排名前三的省份分别是广东、北京和河南，增长水平最低省份是宁夏；对于交通运输、仓储和邮政业，增长水平最高的省份是广东，增长水平最小的省份是宁夏；对于住宿和餐饮业，广东、北京、上海有着较高的增长水平，而青海和宁夏的增长水平则较低；对于水利、环境和公共设施管理业，广东、山东、辽宁等省份具有较高的增长水平，而青海的增长水平最低；北京、广东、江苏和上海等具有较高的计算机服务和软件业增长水平，而海南、青海和宁夏的计算机服务和软件业有着较低的平均增长水平；科学研究、技术服务业和地质勘查业平均增长水平最高的是北京，宁夏的科学研究、技术服务业和地质勘查业平均增长水平居全国最末位；广东、北京和上海的金融业增长规模最大，而青海的金融业规模水平最小；北京、广东和上海具有较高的租赁和商务服务业增长水平，而青海和宁夏的租赁和商务服务业的增长水平则明显偏低。总体来看，东部地区省份的生产性服务业细分产业增长水平均较高，而中西部地区省份则拥有较低的生产性服务业细分产业增长水平。

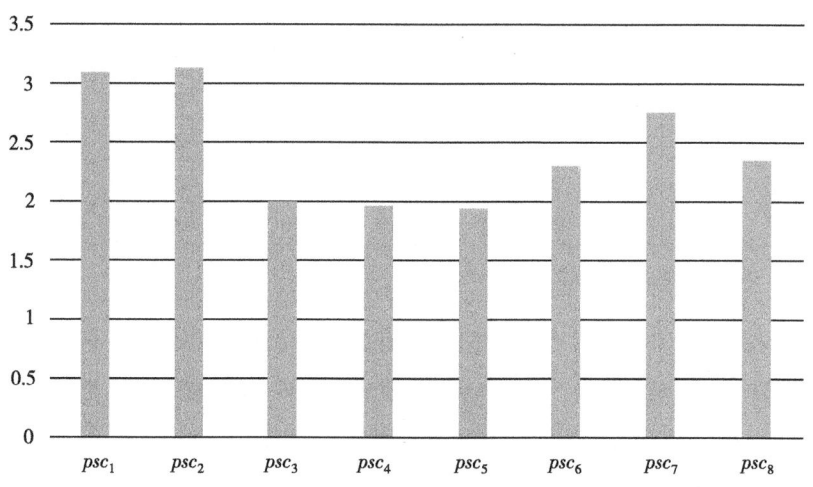

图 3 – 3　生产性服务业细分产业增长水平

由图 3 – 4 可知，所有的生产性服务业细分产业均呈现不同程度的增长态势，批发零售业（psc_1），交通运输、仓储和邮政业（psc_2），住宿和餐饮业（psc_3），水利、环境和公共设施管理业（psc_4）等细分产业保持了较为稳定且缓慢的增长态势，而计算机服务和软件业（psc_5），金融业（psc_7），科学研究、技术服务业和地质勘查业（psc_6），租赁和商务服务业（psc_8）等细分产业则保持了较快的增长，这其中，计算机和软件业增长速度最为迅速。

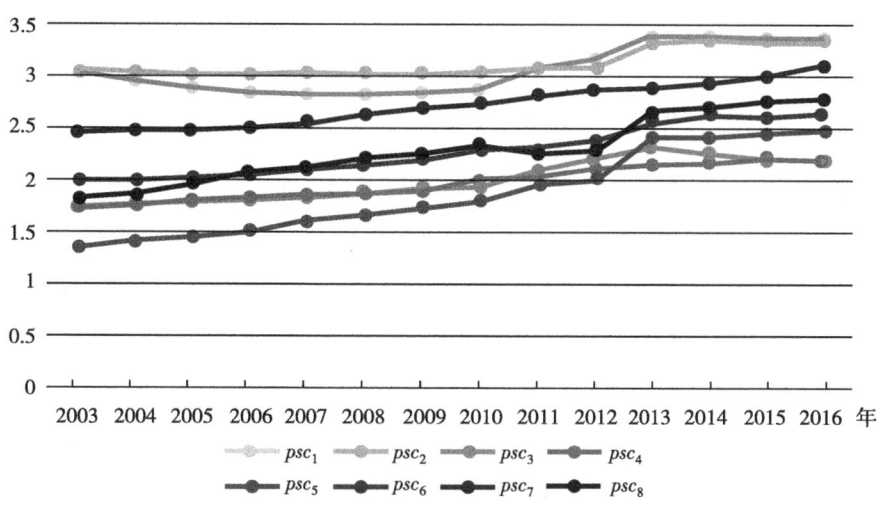

图3-4 生产性服务业细分产业增长水平的时序特征

表3-3列出了2003—2016年中国细分生产性服务业增长水平的变异系数。由表3-3可知,批发零售业增长的变异系数由2003年的0.645增大至2016年的0.845,交通运输、仓储和邮政业增长的变异系数由2003年的0.496增大至2016年的0.611,住宿和餐饮业增长的变异系数由2003年的0.838增大至2016年的0.933,水利、环境和公共设施管理业增长的变异系数由2003年的0.511下降至2016年的0.457,计算机服务和软件业增长的变异系数由2003年的0.876增大至2016年的0.933,科学研究、技术服务业和地质勘查业增长的变异系数由2003年的0.837增大至2016年的0.901,金融业增长的变异系数由2003年的0.584增大至2016年的0.637,租赁和商务服务业增长的变异系数由2003年的1.152增大至1.177。不难发现,除了水利、环境和公共设施管理业增长的区域差异呈现波动缩小趋势外,其他细分产业增长的区域差异均有进一步的扩大趋势。

表 3 - 3   2003—2016 年中国 30 省份细分生产性服务业增长水平的变异系数

年份	psc_1	psc_2	psc_3	psc_4	psc_5	psc_6	psc_7	psc_8
2003	0.645	0.496	0.838	0.511	0.876	0.837	0.584	1.152
2004	0.642	0.503	0.916	0.493	0.838	0.703	0.589	1.214
2005	0.661	0.521	0.910	0.500	0.863	0.738	0.590	1.226
2006	0.654	0.541	0.909	0.493	0.895	0.759	0.596	1.259
2007	0.654	0.557	0.923	0.493	1.071	0.779	0.603	1.275
2008	0.670	0.558	0.935	0.484	1.144	0.836	0.614	1.286
2009	0.710	0.579	0.933	0.475	1.128	0.865	0.614	1.399
2010	0.723	0.592	0.923	0.483	1.216	0.861	0.619	1.398
2011	0.746	0.627	0.883	0.484	1.244	0.892	0.636	1.220
2012	0.751	0.618	0.877	0.470	1.261	0.862	0.639	1.284
2013	0.767	0.619	0.855	0.454	1.093	0.844	0.622	1.122
2014	0.799	0.627	0.881	0.468	1.113	0.819	0.629	1.139
2015	0.819	0.617	0.909	0.473	1.158	0.823	0.636	1.179
2016	0.845	0.611	0.933	0.457	1.178	0.901	0.637	1.177

3.3   中国生产性服务业集聚的特征事实及差异

3.3.1   生产性服务业集聚的总体特征及差异

对于生产性服务业集聚（psa）指标的度量，参照惠炜和韩先锋（2016）、刘奕等（2017）、韩峰和谢锐（2017）、郝一帆和王征兵（2019）的做法，采用区位商方法测度中国各省份历年的生产性服务业集聚水平，具体测度模型如下：

$$psa_j = (s_j/x_j)/(s/x) \qquad （式 3 - 1）$$

式 3 - 1 中，s 和 s_j 分别表示全国范围内生产性服务业的总就业人数和省份 j 的生产性服务业就业人数，x_j 和 x 分别表示省份 j 和全国的总就业人数。该指标反映了相应省份的生产性服务业或细分生产性服务业与全国之间的差异。在 psa_j 指标大于 1 的情形下，该生产性服务业或细分生产性服务业在省份 j 的专业化程度越高，也就是说，该省份的生产性服务业或细分生产性服务业在就业中的占比，超过了该生产性服务业或细分生产性服务业在整个经济中的占比，即生产性服务业或细分生产性服务业集聚程度越高，反之则越低，具体测度结果见表 3 - 4。

表 3 - 4　2003—2016 年中国 30 省份生产性服务业集聚水平

省份	2003 年	2005 年	2007 年	2009 年	2011 年	2013 年	2015 年	2016 年	平均值
北京	1.809	2.029	2.246	2.329	2.385	2.405	2.438	2.398	2.262
天津	1.115	1.185	1.240	1.230	1.006	1.060	1.164	1.251	1.163
河北	0.931	0.950	0.954	0.949	0.908	0.938	0.961	0.949	0.940
山西	0.983	0.989	1.010	0.945	0.950	0.933	0.939	0.924	0.960
内蒙古	0.914	0.942	0.979	0.984	1.004	1.098	1.029	1.022	0.993
辽宁	0.978	1.017	1.061	1.026	1.078	1.027	1.077	1.092	1.042
吉林	1.076	1.045	1.027	1.033	1.055	0.981	0.948	0.937	1.025
黑龙江	0.906	0.858	0.867	0.891	0.942	1.002	1.058	1.076	0.939
上海	1.547	1.648	1.645	1.723	1.674	1.909	2.037	2.036	1.756
江苏	0.977	0.942	0.858	0.860	0.864	0.774	0.727	0.724	0.848
浙江	1.069	0.874	0.819	0.830	0.858	0.826	0.821	0.826	0.861
安徽	0.906	0.913	0.907	0.853	0.864	0.850	0.875	0.871	0.876
福建	0.698	0.661	0.643	0.688	0.648	0.759	0.770	0.754	0.697
江西	0.891	0.888	0.844	0.823	0.797	0.796	0.746	0.715	0.818
山东	0.795	0.739	0.734	0.780	0.771	0.854	0.849	0.842	0.783
河南	0.991	0.993	0.953	0.866	0.832	0.768	0.753	0.759	0.872
湖北	1.014	0.966	0.977	0.964	0.857	0.961	0.933	0.918	0.944
湖南	0.976	0.894	0.882	0.867	0.871	0.885	0.871	0.855	0.892
广东	1.020	1.036	1.016	0.996	1.044	0.918	0.935	0.950	0.997
广西	1.012	1.044	1.067	1.033	1.037	0.976	0.931	0.885	1.008
海南	1.001	1.108	1.186	1.136	1.302	1.669	1.352	1.338	1.234
重庆	0.966	0.975	1.006	0.997	0.957	1.082	1.058	1.025	1.006
四川	0.786	0.850	0.837	0.819	0.803	0.910	0.962	0.968	0.856

省份	2003 年	2005 年	2007 年	2009 年	2011 年	2013 年	2015 年	2016 年	平均值
贵州	0.858	0.852	0.877	0.872	0.865	0.869	0.665	0.786	0.843
云南	0.988	0.948	0.935	0.953	0.971	1.009	0.979	0.952	0.964
陕西	1.052	1.102	1.073	1.030	1.076	1.093	1.132	1.123	1.079
甘肃	0.930	0.992	0.922	0.877	0.876	0.872	0.809	0.829	0.895
青海	1.143	1.185	1.130	1.102	1.067	1.062	1.002	0.992	1.091
宁夏	0.926	0.966	0.999	0.995	1.004	1.061	1.045	1.036	1.003
新疆	0.747	0.809	0.813	0.784	0.834	0.854	0.831	0.800	0.811
全国平均	1.000	1.013	1.017	1.008	1.007	1.040	1.023	1.021	1.015
标准差	0.213	0.257	0.293	0.310	0.319	0.353	0.364	0.359	—
变异系数	0.213	0.254	0.288	0.308	0.316	0.339	0.356	0.352	—

由表 3 - 4 可知,2003—2016 年,中国生产性服务业集聚水平呈现波动上升趋势,由 2003 年的 1.000 增至 2016 年的 1.021。从平均水平来看,中国生产性服务业集聚水平在地理空间上具有显著差异,比如,北京和上海的产业集聚指数水平遥遥领先其他省份,天津、辽宁、吉林、重庆等省份的产业集聚水平均在 1 以上,表明上述省份生产性服务业的专业化程度较高,具有较高的集聚水平,而多数省份的生产性服务业集聚水平则较低,比如山东、福建、江苏、浙江、新疆、四川和贵州等省份。值得注意的是,山东、福建等部分东部省份具有较高的生产性服务业增长水平,但产业集聚水平还不够高,仅北京和上海等少数省份出现了生产性服务业增长和集聚的"双高"现象,而贵州和新疆等省、自治区生产性服务业增长和集聚水平均不高,表明其生产性服务业发展还相对落后。

考察期内,山西、甘肃、吉林、江苏、云南、浙江、贵州、安徽、江西、广西、河南、湖北、广东和青海等省份的生产性服务业集聚水平均出现了一定程度的下滑,即除吉林外其余省份的生产性服务业增长水平均有一定程度的提升，但集聚水平则呈现下滑趋势，其他省份和地区生产性服务业均呈现了明显增长趋势。全国层面的生产性服务业集聚水平总体呈现出"增加—下降—增加—下降"的波动上升态势（见图3-5），表现为2003—2006年集聚水平出现了一定提升，之后的集聚水平逐年下降，2011年跌至谷底，从2011—2013年集聚水平开始上升，但2013年之后的集聚水平又开始下滑。从变异系数的变动情况来看，反映生产性服务业集聚水平的变异系数总体呈现波动增长趋势，由2003年的0.213增大至2016年的0.352，表明中国生产性服务业集聚水平的区域差异总体呈现明显的扩大趋势，且相对于增长水平的区域产业演变更为明显。

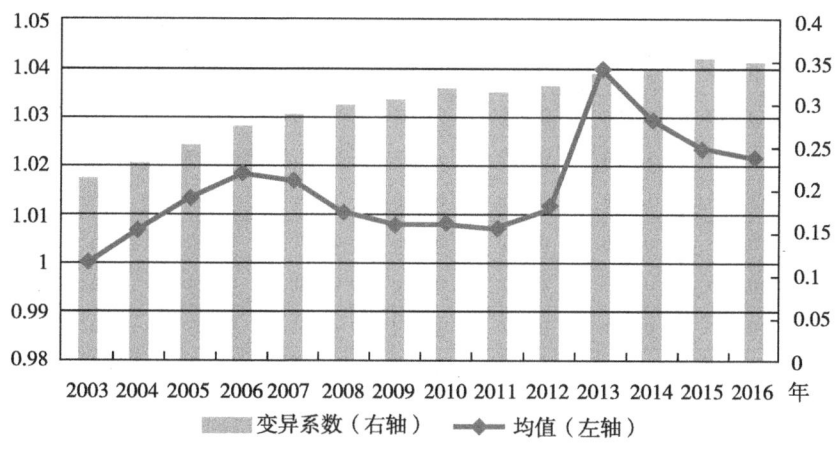

图3-5 中国生产性服务业集聚水平变动趋势

3.3.2 生产性服务业集聚的结构特征及差异

根据前文分析，为了便于解析细分生产性服务业集聚的事实特征及其差异，这里进行如下编号：一是批发零售业（psa_1），二是交通运输、仓储和邮政业（psa_2），三是住宿和餐饮业（psa_3），四是水利、环境和公共设施管理业（psa_4），五是计算机服务和软件业（psa_5），六是科学研究、技术服务业和地质勘查业（psa_6），七是金融业（psa_7），八是租赁和商务服务业（psa_8）。psa_j表示各细分生产性服务业集聚指数，当psa_{ij}指标大于 1 时，生产性服务业细分产业在省份 j 的专业化程度越高，采用式 3 - 1 测算同样可得 2003—2016 年各细分生产性服务业集聚水平指数如表 3 - 5 所示。

表 3 - 5　2003—2016 年中国 30 省份细分生产性服务业平均集聚水平指数

省份	psa_1	psa_2	psa_3	psa_4	psa_5	psa_6	psa_7	psa_8
北京	1.838	1.571	2.753	0.866	4.184	3.392	1.338	4.521
天津	1.301	1.127	1.227	1.033	0.828	1.440	0.942	1.331
河北	1.019	0.955	0.604	1.141	0.785	0.854	1.252	0.549
山西	1.054	1.116	0.685	1.085	0.795	0.738	1.063	0.709
内蒙古	0.662	1.347	0.714	1.697	1.028	0.842	1.107	0.590
辽宁	0.769	1.238	0.761	1.499	0.969	1.037	1.169	0.934
吉林	0.790	1.204	0.661	1.693	1.101	1.109	1.068	0.687
黑龙江	0.922	1.170	0.531	1.263	0.832	1.077	0.922	0.509
上海	1.878	1.763	1.886	0.910	1.396	1.809	1.556	2.439
江苏	0.893	0.836	0.829	0.898	0.880	0.660	0.952	0.735
浙江	0.799	0.643	1.058	0.711	0.888	0.706	1.098	1.270
安徽	0.960	0.871	0.625	1.087	0.765	0.787	1.102	0.569
福建	0.712	0.706	0.850	0.566	0.704	0.508	0.751	0.739
江西	0.776	1.006	0.521	1.048	0.808	0.773	0.909	0.439
山东	0.978	0.734	0.782	0.812	0.601	0.526	0.950	0.596
河南	1.235	0.828	0.789	0.918	0.531	0.726	0.834	0.664
湖北	1.063	1.081	0.929	1.071	0.737	0.980	0.836	0.566
湖南	0.756	0.953	0.996	1.054	0.820	0.803	1.107	0.679
广东	0.974	0.969	1.420	0.737	1.158	0.701	0.952	1.260
广西	0.868	1.133	0.914	1.374	0.843	0.995	0.917	1.126
海南	1.111	1.117	3.375	1.739	0.792	0.958	0.864	1.018
重庆	1.037	1.188	0.992	0.837	0.779	0.992	1.034	0.801
四川	0.757	0.890	0.681	0.988	0.880	1.123	1.002	0.536

续表

省份	psa_1	psa_2	psa_3	psa_4	psa_5	psa_6	psa_7	psa_8
贵州	1.052	0.800	0.751	0.899	0.692	0.909	0.789	0.667
云南	1.144	0.887	1.190	1.048	0.888	1.031	0.801	0.787
陕西	1.067	1.105	1.099	1.169	1.038	1.682	0.989	0.537
甘肃	0.733	1.068	0.705	1.295	0.717	1.216	0.917	0.494
青海	0.788	1.372	0.621	1.179	1.175	1.921	1.053	0.648
宁夏	0.718	1.041	0.607	1.943	0.729	0.945	1.344	0.895
新疆	0.611	0.956	0.616	1.158	0.575	0.897	0.811	0.916

由表 3 - 5 可知，中国生产性服务业平均集聚水平指数具有明显的结构差异，对于批发零售业，北京、天津、山西、河北、上海等12省份的平均集聚水平大于1，上海的批发零售业平均集聚水平最大，而新疆的平均集聚水平最小；对于交通运输、仓储和邮政业，北京、天津、山西等17省份的平均集聚水平高于1，平均集聚水平最高的省份是上海，平均集聚水平最小的省份是浙江；对于住宿和餐饮业，北京、海南、广东、上海等7省份的平均集聚水平大于1，平均集聚水平最高的省份是海南，平均集聚水平最小的省份是黑龙江；对于水利、环境和公共设施管理业，天津、辽宁、海南、宁夏、青海、甘肃等19省份的平均集聚水平大于1，其中海南、吉林的平均集聚水平远高于其他省份；对于计算机服务和软件业，平均集聚水平较高的省份有北京、上海和广东等少数省份，其中北京的平均集聚水平远高于其他省份，而河南和新疆的计算机服务和软件业平均集聚水平则低于其他省份；对于科学研究、技术服务业和地质勘查业，北京的平均集聚水平最高，福建最小；对于金融业，上海的平均集聚水平最高，北京次之，福建最小；对于租赁和商务服务业，北京的平均集聚水平最高，上海次之，甘肃最小。不难发现，在不同细分生产性服务业中，集聚水平存在明显的差异，这在一定程度上反映了生产性服务业

细分产业在地理布局上的空间差异。

表 3-6 2003—2016 年中国 30 省份细分生产性服务业集聚水平的变异系数

年份	psa_1	psa_2	psa_3	psa_4	psa_5	psa_6	psa_7	psa_8
2003	0.238	0.219	0.552	0.255	0.519	0.576	0.169	0.852
2004	0.265	0.238	0.610	0.258	0.466	0.489	0.153	0.890
2005	0.276	0.233	0.573	0.281	0.487	0.510	0.173	0.901
2006	0.266	0.251	0.596	0.274	0.525	0.524	0.198	0.927
2007	0.282	0.256	0.624	0.296	0.671	0.512	0.199	0.897
2008	0.298	0.251	0.637	0.299	0.715	0.541	0.196	0.901
2009	0.304	0.251	0.635	0.287	0.674	0.555	0.188	0.934
2010	0.328	0.256	0.660	0.294	0.751	0.558	0.194	0.926
2011	0.368	0.266	0.674	0.325	0.810	0.552	0.197	0.771
2012	0.391	0.260	0.710	0.335	0.832	0.538	0.204	0.814
2013	0.450	0.256	0.689	0.348	0.739	0.551	0.239	0.755
2014	0.397	0.249	0.707	0.328	0.765	0.517	0.255	0.766
2015	0.420	0.256	0.704	0.342	0.809	0.499	0.282	0.804
2016	0.426	0.257	0.717	0.354	0.787	0.553	0.275	0.765

表 3-6 列出了 2003—2016 年中国细分生产性服务业集聚水平的变异系数。由表 3-6 可知，批发零售业集聚的变异系数由 2003 年的 0.238 增大至 2016 年的 0.426，交通运输、仓储和邮政业集聚的变异系数由 2003 年的 0.219 增大至 2016 年的 0.257，住宿和餐饮业集聚的变异系数由 2003 年的 0.552 增大至 2016 年的 0.717，水利、环境和公共设施管理业增长的变异系数由 2003 年的 0.255 增大至 2016 年的 0.354，计算机服务和软件业集聚的变异系数由 2003 年的 0.519 增大至 2016 年的 0.787，科学研究、技术服务业和地质勘查业集聚的变异系数由 2003 年的 0.576 下降至 2016 年的 0.533，金融业集聚的变异系数由 2003 年的 0.169 增大至 2016 年的 0.275，租赁和商务服务业集聚的变异系数由 2003 年的 0.852 下降至 2016 年的 0.765。总体来看，中国生产性服务业

集聚水平的变动存在明显的结构差异。

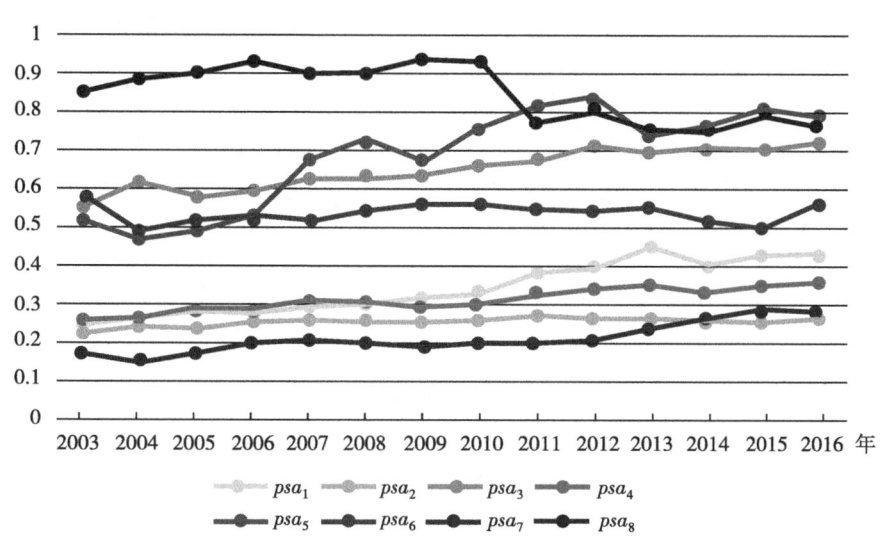

图 3 - 6　中国细分生产性服务业集聚水平差异的变动趋势

由图 3 - 6 可知，除租赁和商务服务业，科学研究、技术服务业和地质勘查业两个细分生产性服务业外，批发零售业等六个细分生产性服务业集聚的变异系数总体呈现波动增大趋势，表明上述细分产业集聚水平的区域差异整体呈扩大趋势。而租赁和商务服务业科学研究和技术服务业和地质勘查业两大细分生产性服务业集聚的变异系数总体呈降低趋势，表明上述生产性服务业集聚水平的区域差异出现了一定的缩小趋势。

3.4　本章小结

本章以现有研究为基础，归纳了关于生产性服务业的不同分类及依据，并从六个方面阐释了生产性服务业的典型特征，在相关研究的基础上，进一步选取八部门的生产性服务业分类方法，利用 2003—2016 年中国省际面板数据对生产性服务业及其构成的增长水平和集聚水平进行了测度，结果发现：

第一，生产性服务业具有产业关联性、价值增值性、知识密集性、空间聚集性、外部溢出性、高度专业性六大鲜明特征，规模增长和空间集聚是研究生产性服务业支农不可规避的重要问题。

第二，中国生产性服务业规模总体呈现比较缓慢且相对稳定的增长趋势，但近年来生产性服务业增长速度明显加快；生产性服务业增长的高水平区域主要聚集于北京和东南沿海等东部地区，而中西部地区则总体具有相对较低的生产性服务业增长水平，中国生产性服务业增长总体呈现东部＞中部＞西部的鲜明特征；生产性服务业细分产业增长水平存在明显的结构差异，且这种结构差距存在明显的省际不平衡现象。中国生产性服务业增长水平的区域差异总体具有轻微的扩大趋势，这种差异变动也存在一定的结构异质性。

第三，中国生产性服务业集聚水平呈现波动上升趋势，由2003年的1.000增至2016年的1.021。从平均水平来看，中国生产性服务业集聚水平在地理空间上具有不平衡特征，北京和上海的产业集聚水平遥遥领先其他省份，天津、辽宁、吉林、重庆等省份也具有较高的集聚水平，而多数省份的生产性服务业集聚水平则较低；中国生产性服务业集聚水平的区域差异总体呈现明显的扩大趋势，相对于增长水平而言，集聚的区域差异演变更为明显，而科学研究、技术服务业和地质勘查业，租赁和商务服务业等的区域差异则总体呈降低趋势；中国生产性服务业平均集聚水平具有明显的结构差异和空间差异。

第四章　中国农业全要素生产率增长
特征及收敛性分析

农业高质量发展是生产要素投入少、经济社会效益好和资源配置效率高的发展，是坚持质量第一、效益优先的新型发展，核心途径在于从依赖要素投入的旧动能转向依靠全要素生产率的新动力。因此，全要素生产率是驱动农业效率提高和可持续发展的唯一来源，也是实现农业高质量增长的关键所在。本章拟在前文理论分析的基础上，构建农业全要素生产率的核算框架，通过全要素生产率指数及其构成对中国农业增长的动力源泉、区域差异以及演变趋势等现实特征进行考察，旨在从质量角度分析农业发展现状的同时，为本书后续分析提供事实和实证依据。

4.1　研究方法与指标设计

4.1.1　研究方法

DEA 的 Malmquist 生产率指数最初由 Malmquist（1953）提出，Caves 和 Christensen（1982）最早将其应用于生产率变化的测算，DEA 的 Malmquist 生产率指数法是目前最通用的用来测度全要素生产率（TFP）的非参数方法。该方法相比参数方法的优势在于：一是可提供更全面的全要素生产率信息，二是无提供要素价格信息和提出经济假设，三是适用于面板数据的样本分析且计算方便。本章拟运用基于 DEA 的 Malmquist 指数方法来测度中国省际农业 *TFP* 及其分解，并把中国各省份视为测算模型的决策单元。

这里对 Malmquist 生产率指数采用产出距离函数来定义。假定向量 x 表示投入量，$x = (x_1, x_2, \cdots, x_m)$；$y$ 表示产出量，$y = (y_1, y_2, \cdots, y_n)$；$p(x)$ 用来表示所有产出向量的集合。

可定义如下产出距离函数：

$$d_0(y, x) = \min\{\varphi : (y/\varphi) \in p(x)\} \qquad (式 4-1)$$

以时期 t 的技术 T 为参照，则基于产出角度可计算的 Malmquist 指数公式表示如下：

$$M_0^t(x_{t+1}, y_{t+1}, x_t, y_t) = d_0^t(x_{t+1}, y_{t+1})/d_0^t(x_t, y_t) \quad (式 4-2)$$

进一步选取时期 $t+1$ 的技术 $T+1$ 作为参照对象，产出角度的 Malmquist 指数计算方法如下：

$$M_0^{t+1}(x_{t+1}, y_{t+1}, x_t, y_t) = d_0^{t+1}(x_{t+1}, y_{t+1})/d_0^{t+1}(x_t, y_t)$$

$$(式 4-3)$$

Caves 等用式 4-4 来衡量 t 到 $t+1$ 期生产率变化的 Malmquist 指数。式 4-4 是式 4-2 和式 4-3 的几何平均值，在所计算的 Malmquist 指数大于 1 的情形下，表明全要素生产率在改善。

$$M_0(x_{t+1}, y_{t+1}, x_t, y_t) = \left[\frac{d_0^t(y_{t+1}, x_{t+1})}{d_0^t(y_t, x_t)} \times \frac{d_0^{t+1}(y_{t+1}, x_{t+1})}{d_0^{t+1}(y_t, x_t)}\right]^{\frac{1}{2}}$$

$$(式 4-4)$$

式 4-4 中，d_0^t 和 d_0^{t+1} 依次表示时期 t 和时期 $t+1$ 的距离函数。在不变规模报酬假定下，从 t 到 $t+1$ 时期，度量 *TFP* 增长水平的 Malmquist 指数可从以下两个维度进一步分解：一是技术效率变化指数（*EFFCH*）维度，二是技术进步指数（*TECHCH*）维度。而 *EFFCH* 又可进一步分解成规模效率指数（*SECH*）和纯技术效率指数（*PECH*）等两部分，其具体分解过程可表示如下：

$$M_0 \ (x_{t+1}, \ y_{t+1}, \ x_t, \ y_t) = \frac{d_0^{t+1} \ (y_{t+1}, \ x_{t+1})}{d_0^t \ (y_t, \ x_t)} \times \left[\frac{d_0^t \ (y_{t+1}, \ x_{t+1})}{d_0^{t+1} \ (y_{t+1}, \ x_{t+1})} \right.$$

$$\left. \times \frac{d_0^t \ (y_t, \ x_t)}{d_0^{t+1} \ (y_t, \ x_t)} \right]^{\frac{1}{2}}$$

$$= TECHCH \times EFFCH$$

$$= TECHCH \times PECH \times SECH \qquad (式 4-5)$$

式 4-5 中，如果某一指数的变化率小于 1，则表明其阻碍了生产率的改善，反之则恶化。

Malmquist 指数的度量，需要计算如下 4 个基于 DEA 的距离函数：

$$[d_0^t \ (x_t, \ y_t)]^{-1} = \max_{\varphi, \xi} \varphi \qquad [d_0^{t+1} \ (x_{t+1}, \ y_{t+1})]^{-1} = \max_{\varphi, \xi} \varphi$$

$$\text{s. t.} \quad -\varphi y_{it} + Y_{t+1} \xi \geq 0 \qquad \text{s. t.} \quad -\varphi y_{i,t+1} + Y_{t+1} \xi \geq 0$$

$$x_{it} - X_{t+1} \xi \geq 0 \qquad i = i, \ 2, \ 3 \cdots N$$

$$\xi \geq 0 \qquad \xi \geq 0$$

$$[d_0^t \ (x_{t+1}, \ y_{t+1})]^{-1} = \max_{\varphi, \xi} \varphi \qquad [d_0^{t+1} \ (x_t, \ y_t)]^{-1} = \max_{\varphi, \xi} \varphi$$

$$\text{s. t.} \quad -\varphi y_{i,t+1} + Y_t \xi \geq 0 \qquad \text{s. t.} \quad -\varphi y_{it} + Y_{t+1} \xi \geq 0$$

$$x_{i,t+1} - X_t \xi \geq 0 \qquad x_{it} - X_{t+1} \xi \geq 0 \qquad (式 4-6)$$

$$\xi \geq 0 \qquad \xi \geq 0$$

式 4-6 假设的 N 个省份都各自有 K 数量的投入和 M 数量的产出，其投入产出向量可分别用 x_i、y_i 来表示，X、Y 分别表示相应的投入产出矩阵，φ 在固定规模报酬下满足 $0 < \varphi < 1$，反映第 i 个省份的技术效率。计算上述几个模型，可求得 TFP。

为了深入挖掘中国农业全要素生产率增长的变动趋势、规律及内在基础，这里进一步进行趋同性检验，并同时采用 σ 收敛和 β 收敛两种检验技术。σ 收敛是指农业全要素生产率的离差会随着时间的变化呈现不断下降的趋势。用来研究 σ 收敛的方法有 $Theil$ 指数、变异系数等，本书采用变异系数反映农业全要素生产率的

σ 收敛，可表示为

$$\sigma_j = \frac{\sqrt{\left[\sum\limits_{i}^{n_j}(C_{ij} - \overline{C}_{ij})^2\right]/n_j}}{C_{ij}} \qquad (式4-7)$$

其中，j 表示各区域，i 表示区域内各省份，n_j 为区域内省份个数。C_{ij} 为 j 区域 i 省份的农业全要素生产率水平，$\overline{C}_{ij}$ 为 j 区域省份农业全要素生产率水平的均值。

对于 β 收敛，参考 Barro 和 Sala – i – Martin（1992）的做法，具体构建如下模型：

$$\left[\ln\left(g_{i,t+T}/g_{i,t}\right)\right]/T = \alpha + \beta\ln g_{i,t} + \varepsilon_{i,t} \qquad (式4-8)$$

$$\ln\left(g_{i,t+1}/g_{i,t}\right) = \alpha + \beta\ln g_{i,t} + BX + \varepsilon_{i,t} \qquad (式4-9)$$

式4-8 和式4-9 中的变量均采用自然对数来表示，旨在尽可能缓解异方差现象。其中，①$g_{i,t}$ 为中国 i 省份在时期 t 的农业全要素生产率及其分解（技术效率或技术进步），$g_{i,t+1}$ 表示中国 i 省份在时期 t 的农业全要素生产率及其分解（技术效率或技术进步），$g_{i,t+1}$ 则反映中国 i 省份在时期 t 的农业全要素生产率及其分解（技术效率或技术进步）；②X 属于条件控制变量，其系数为 B，T 表示时间跨度，β 表示相应的收敛系数，α 和 $\varepsilon_{i,t}$ 则分别表示常数项和随机扰动项。

式4-8 为绝对收敛检验的计量分析模型，在 $\beta < 0$ 的情形下，绝对 β 收敛现象是存在的，表明农业全要素生产率及其分解（技术效率或技术进步）的增长水平和增长速度会出现落后省份最终追赶上领先省份的现象。式4-9 为条件收敛检验的计量分析模型，在 $\beta < 0$ 的情形下，条件 β 收敛现象是存在的，这种情形下的各地区农业发展会呈现向各自稳定状态发展的现象。由于固定效应模型具有设定时间和界面固定效应的优势，故现有研究多采用面板固定效应模型来检验经济体的条件 β 收敛规律是否存在。另

外，由于不同经济体各自不同的稳态条件与面板固定效应项相对应，故在研究中往往没必要加入额外的控制变量（Miller，2002）。鉴于此，本章在进行条件 β 收敛检验时基于 Miller（2002）的思路，未添加任何控制变量。

4.1.2 数据说明及指标选取

依据测算模型，这里对具体的投入产出变量设定如下：①产出指标。当前学界多采用农业增加值或农业总产值两种指标来衡量农业的产出，由于使用农业总产值指标会受到"中间消耗"的影响而不能反映出农业真实的产出水平（高帆，2015），故这里选取农业增加值作为农业产出的替代指标。②投入指标，参照现有研究的通用做法（李士梅和尹希文，2017；付明辉和祁春节，2016；郝一帆和王征兵，2018；葛鹏飞，2018），本章从资本、劳动、机械、土地、化肥、水资源、农药和塑料八个维度来衡量，具体分别选取农村固定资产投资、农业从业人员、农业机械总动力、农作物总播种面积、农用化肥施用量、农业用水量、农药使用量和农用塑料薄膜使用量共八个指标。基于上述投入产出指标及 2002—2016 年 30 省份的面板数据，采用 DEAP2.1 软件进行测算即可得到 2003—2016 年各省的农业全要素生产率指数及其分解。

本章选取中国 30 省份 2003—2016 年的平衡面板数据，由于西藏、港澳台数据缺失较多，故从研究样本中剔除，研究涉及的所有基础数据均分别来自历年的《中国农村统计年鉴》《中国统计年鉴》等相关统计资料。关于投入产出指标的描述性统计结果见表 4-1。

表4-1　农业投入产出变量描述性统计结果

指标	个数	极小值	极大值	均值	标准差
农业增加值（亿元）	450	17	2901	746	648
农业机械总动力（万千瓦）	450	70	12983	2743	2712
农作物总播种面积（千公顷）	450	151	14472	5294	3551
农用化肥施用量（万吨）	450	7	716	178	139
农业从业人员（人）	450	174706	33600000	9206220	7105326
农业用水（亿立方米）	450	6	562	122	101
农药使用量（吨）	450	1599	173461	54400	43507
农用塑料薄膜使用量（吨）	450	821	341192	69763	63987
农村住户固定投资（亿元）	450	2	4683	450	582

4.2　中国农业全要素生产率测度及分析

4.2.1　中国农业全要素生产率的时序特征

采用 DEA 的 Malmquist 生产率指数测度模型和 2002—2016 年中国农业的省际面板数据，这里基于 DEAP2.1 软件包测算可得 2003—2016 年中国农业 Malmquist 生产率指数（TFP）及其分解（农业技术进步指数和农业技术效率指数），表4-2 报告了研究时段内估算的中国农业 Malmquist 生产率指数及其分解指标的时序特征。由表4-2 可知，中国 2003—2016 年的农业 TFP 平均增长率为 8.4%，总体保持了明显的增长趋势，这和杜江（2015）、高帆（2015）、邓晓兰和鄢伟波（2018）等的研究结论是一致的。进一步分析农业全要素生产率增长的动力发现，农业技术进步对其的"驱动效应"比较明显，考察期内的农业技术进步水平保持了明显的增长态势，平均增长率高达 8.9%，成为农业全要素生产率改善的主要动力，这和杜江（2015）、尹朝静等（2016）、刘战伟（2017）

等的研究结论是一致的。农业技术效率平均增长率为 -0.5%，其对农业 TFP 增长具有一定的"拖累效应"，技术效率的轻微下降在一定程度上抵消了技术进步的驱动作用，但这种负面影响并不明显，并未影响到农业 TFP 的正向增长，说明较高的技术进步水平是推动农业全要素生产率改善的重要原因，其对农业技术效率具有较弱的依赖性。

表 4 - 2　时序维度的中国农业 Malmquist 生产率指数及其分解（2003—2016 年）

时间	*EFFCH*	*TECHCH*	*PECH*	*SECH*	TFP
2002—2003 年	1.002	0.991	0.997	1.004	0.993
2003—2004 年	1.018	1.129	1.001	1.017	1.150
2004—2005 年	0.985	1.049	0.987	0.999	1.033
2005—2006 年	1.017	1.022	1.005	1.012	1.039
2006—2007 年	0.997	1.095	0.988	1.009	1.091
2007—2008 年	0.995	1.076	0.997	0.998	1.071
2008—2009 年	1.011	1.017	1.010	1.001	1.029
2009—2010 年	0.983	1.442	0.985	0.998	1.418
2010—2011 年	0.973	1.114	0.989	0.983	1.084
2011—2012 年	1.006	1.071	1.011	0.995	1.077
2012—2013 年	0.999	1.076	0.998	1.000	1.074
2013—2014 年	0.999	1.070	1.000	1.000	1.070
2014—2015 年	0.993	1.069	0.985	1.008	1.062
2015—2016 年	0.958	1.085	0.981	0.977	1.040
平均值	0.995	1.089	0.995	1.000	1.084

从变动趋势来看，考察期间的农业全要素生产率水平总体上随时间不断改善，但表现为明显的波动增长特征。农业技术进步变动与农业全要素生产率变动特征较为一致，也呈现波动改善特征，说明随着时间的推移，中国省际农业技术进步水平是不断改善的。从农业技术效率变动来看，考察期内的农业技术效率表现出了波动下降趋势（见图 4 -1）。

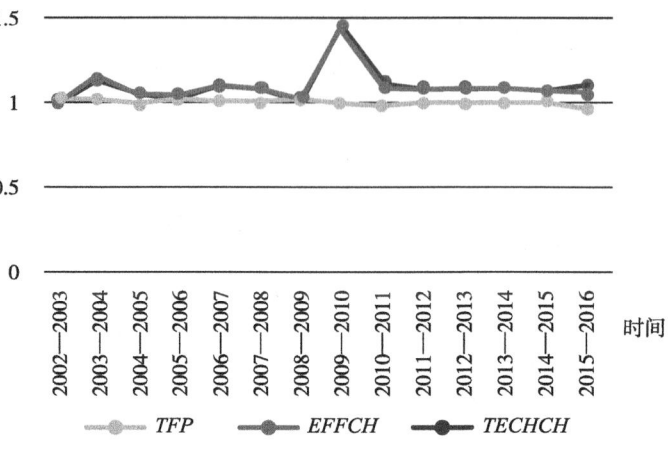

图4-1 中国农业全要素生产率及其构成时序特征

从技术效率及其构成的变动来看，农业纯技术效率平均增长率为-0.5%，农业规模效率的平均增长率为0.0%，不难发现，农业技术效率、农业纯技术效率和农业规模效率均呈现了波动下降趋势。农业技术效率下降的原因在于：农业纯技术效率的轻微下降，表明农业纯技术效率水平低下在很大程度上制约了农业技术效率，并最终对农业TFP产生了负面影响（见图4-2），这与张乐和曹静（2013）的研究是不同的。因此，加强农业领域的制度创新，提高农业发展的管理效率，可能是提高农业TFP的重要抓手。进一步发现，农业规模效率在部分年度出现负增长现象，反映了部分年度的农业发展存在盲目规模扩张的事实，也反映了农业资源配置水平还不够高，农业的经营方式尚停留在以要素驱动为主的粗放型发展阶段。

进一步比较发现，考察期内中国农业TFP及其分解（农业技术进步和农业技术效率）的变化均具有较大差异，农业全要素生产率变动的主要动力也不一样，具体表现为：①2002—2003年，农业技术进步对农业TFP产生了拖累影响，而技术效率成了农业TFP改善的重要原因；②2004—2005年、2006—2007年，农业技术进步则明显驱动了农业TFP增长，而农业技术效率则成了农业

TFP 增长的"绊脚石";③2003—2004 年、2011—2012 年,农业技术进步、农业技术效率均明显促进了农业 TFP 增长,出现了双驱动现象。

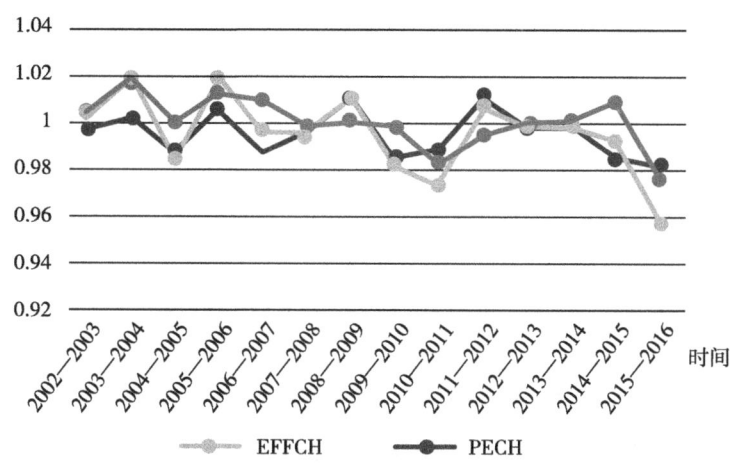

图 4 - 2　中国农业技术效率及其构成时序特征

4.2.2　中国农业全要素生产率的省际特征

表 4 - 3 报告了中国各省 2003—2016 年农业 Malmquist 生产率指数及其分解(农业技术进步和农业技术效率)的结果,由表 4 - 3 可知:各省农业 TFP 均呈现了增长态势,但增长的差异明显。具体来看,不同省份在考察期内的农业 TFP 增长差异是明显存在的,表现为:北京(8.5%)、天津(8.9%)、河北(12.1%)、山西(8.0%)、内蒙古(6.2%)、辽宁(8.4%)、吉林(5.4%)、黑龙江(8.6%)、上海(9.5%)、江苏(12.2%)、浙江(9.1%)、安徽(4.0%)、福建(9.4%)、江西(7.0%)、山东(11.0%)、河南(8.6%)、湖北(8.5%)、湖南(8.7%)、广东(9.7%)、广西(5.3%)、海南(4.4%)、重庆(10.1%)、四川(8.3%)、贵州(11.0%)、云南(6.0%)、陕西(10.0%)、甘肃(8.5%)、青海(9.3%)、宁夏(9.3%)和新疆(6.5%)。可知,全要素生

产率增长水平高于全国平均水平的省份有 19 个，全要素生产率水平最高的省份是江苏，最低的省份是安徽（见图 4 – 3）。

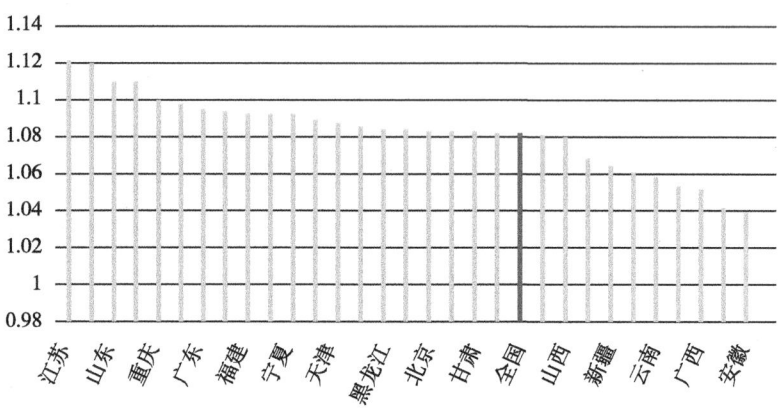

图 4 – 3 中国农业全要素生产率省际差异

从农业全要素生产率增长的动力来看，其动因也存在一定差异。表现为：第一，河北、江苏、福建、湖北、湖南、广东和甘肃等省份的全要素生产率增长属于技术进步和技术效率共同驱动型。第二，上海、浙江、广西、海南、重庆、贵州、陕西、青海和新疆等省、自治区全要素生产率增长属于纯粹的技术进步驱动型，而技术效率的作用并不明显。第三，内蒙古、北京、四川、吉林、山西、辽宁、云南、天津、江西、安徽、山东、河南、黑龙江和宁夏的农业全要素生产率增长属于明显的技术进步驱动技术效率抑制型模式。

表 4 – 3 中国农业 Malmquist 生产率指数及其分解的省际差异（2003—2016 年）

省份	*EFFCH*	*TECHCH*	*PECH*	*SECH*	TFP
北京	0.996	1.090	1.000	0.996	1.085
天津	0.988	1.102	1.000	0.988	1.089
河北	1.008	1.113	1.002	1.005	1.121
山西	0.989	1.092	0.987	1.001	1.080
内蒙古	0.983	1.081	0.983	1.000	1.062

续表

省份	EFFCH	TECHCH	PECH	SECH	TFP
辽宁	0.988	1.098	0.988	1.000	1.084
吉林	0.978	1.078	0.979	0.999	1.054
黑龙江	0.998	1.088	0.999	0.999	1.086
上海	1.000	1.095	1.000	1.000	1.095
江苏	1.003	1.119	1.000	1.003	1.122
浙江	1.000	1.091	1.000	1.000	1.091
安徽	0.962	1.082	0.965	0.996	1.040
福建	1.002	1.092	1.000	1.002	1.094
江西	0.989	1.082	0.981	1.008	1.070
山东	0.996	1.115	1.000	0.996	1.110
河南	0.982	1.106	1.000	0.982	1.086
湖北	1.018	1.066	1.001	1.018	1.085
湖南	1.013	1.073	1.000	1.013	1.087
广东	1.004	1.092	1.000	1.004	1.097
广西	1.000	1.054	0.986	1.014	1.053
海南	1.000	1.044	1.000	1.000	1.044
重庆	1.000	1.101	1.000	1.000	1.101
四川	0.997	1.086	1.000	0.997	1.083
贵州	1.000	1.110	1.000	1.000	1.110
云南	0.974	1.089	0.982	0.992	1.060
陕西	1.000	1.100	1.000	1.000	1.100
甘肃	1.005	1.080	1.004	1.000	1.085
青海	1.000	1.093	1.000	1.000	1.093
宁夏	0.990	1.104	1.000	0.990	1.093
新疆	1.000	1.065	1.000	1.000	1.065
平均值	0.995	1.089	0.995	1.000	1.084

从农业技术进步来看，所有省份的农业技术进步水平均出现了明显的增长，表明其促进了农业全要素生产率的改善。农业技术进步最为明显的省份是江苏，有18个省份的农业技术进步水平在全国平均水平之上（见图4-4）。从农业技术效率来看，仅河北、福建、江苏、湖北、湖南、广东和甘肃7个省份的农业技术

效率出现了正增长，对农业全要素生产率产生了积极影响，其中农业技术效率水平最高的省份是湖北。而北京、山西、内蒙古、辽宁、吉林、黑龙江等多数省份的农业技术效率出现了负增长，对农业全要素生产率产生了抑制影响，农业技术效率水平最低的省份是安徽（见图4-5）。从纯技术效率来看，仅河北和甘肃等少数省份农业纯技术效率出现了增长，而大多数省份纯技术效率表现出了负增长，拖累了农业技术效率水平的改善。从规模效率来看，湖南、广东、河北、江西、山西、江苏、湖北、福建、广西的农业规模效率均出现了正增长，表现出明显的规模经济；而北京、天津、吉林、黑龙江、安徽、山东、河南、四川、云南和宁夏等省份的农业规模效率均呈现了负增长，表现出了规模不经济，其余省份考察期内的农业规模效率并未发生变化。

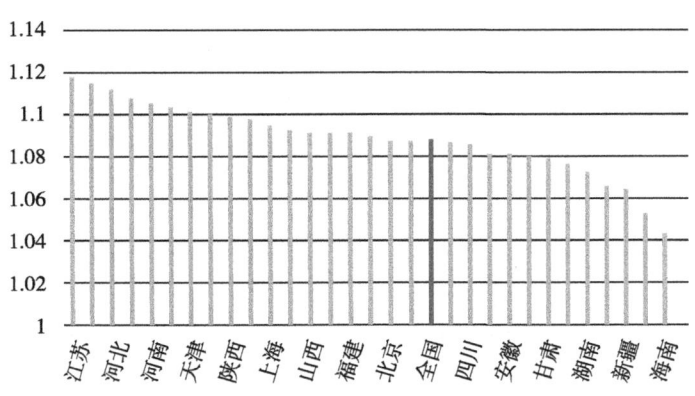

图4-4　中国农业技术进步省际差异

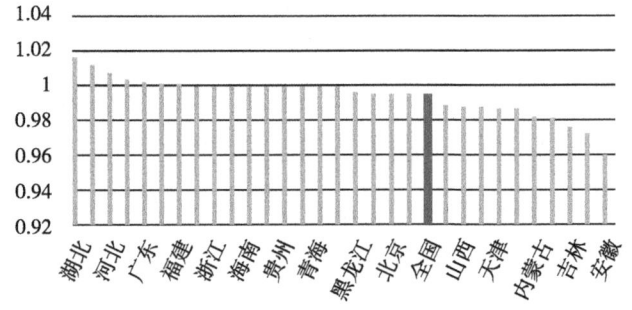

图4-5　中国农业技术效率省际差异

4.2.3 中国农业全要素生产率的区域特征

表4－4 显示了中国东部、中部和西部三大地区农业的 Malmquist 生产率指数及其分解情况。考察期内东部地区、中部地区和西部地区的农业 TFP 平均增长率分别为 10.2%、8.0% 和 9.0%，均保持了明显的增长态势。从强度上来看，农业 TFP 总体表现为东部地区 > 西部地区 > 全国 > 中部地区。从增长动力来看，三大地区农业技术进步分别增长 10.4%、8.7% 和 9.6%，表明农业技术进步是东部、中部和西部三大地区农业 TFP 增长的动力源泉。而三大地区农业技术效率则呈现了负增长，分别为 － 0.1%、－ 0.6% 和 － 0.3%，在一定程度上不利于农业全要素生产率的增长或改善。

表4－4 地区维度的中国农业 Malmquist 生产率指数及其分解 （2003—2016 年）

地区	EFFCH	TECHCH	PECH	SECH	TFP
东部地区	0.999	1.104	0.999	1.000	1.102
中部地区	0.994	1.087	0.990	1.003	1.080
西部地区	0.997	1.096	0.997	1.000	1.090
全国	0.995	1.089	0.995	1.000	1.084

由表4－5 可知，中国东部地区、中部地区和西部地区农业 TFP 水平均呈现了波动增长态势。总体来看，东部地区农业 TFP 从 2003 年的 1.018 增长为 2016 年的 1.023，中部地区农业 TFP 从 2003 年的 0.925 增长为 2016 年的 1.035，西部地区农业 TFP 由 2003 年的 1.035 提升至 2016 年的 1.069。从改善幅度的大小来看，中部地区的农业全要素生产率最为明显，西部地区的农业全要素生产率改善幅度次之，东部地区农业全要素生产率的改善幅度最小。

表4－5 中国地区农业 Malmquist 生产率指数的时序特征 （2003—2016 年）

时间	东部地区	中部地区	西部地区
2002—2003 年	1.018	0.925	1.035

续表

时间	东部地区	中部地区	西部地区
2003—2004 年	1.146	1.161	1.153
2004—2005 年	1.059	1.000	1.038
2005—2006 年	1.066	1.050	1.009
2006—2007 年	1.090	1.110	1.087
2007—2008 年	1.088	1.083	1.046
2008—2009 年	1.056	1.064	0.984
2009—2010 年	1.485	1.341	1.469
2010—2011 年	1.100	1.092	1.068
2011—2012 年	1.073	1.079	1.088
2012—2013 年	1.081	1.066	1.077
2013—2014 年	1.065	1.079	1.071
2014—2015 年	1.082	1.031	1.071
2015—2016 年	1.023	1.035	1.069

从农业全要素生产率变动来看，2003 年中国三大地区和地区内的农业 TFP 存在明显内部差距（见图 4 - 6），东部地区的广东、河北、山东和天津，西部地区的广西、重庆、甘肃、新疆以及中部地区的湖北等不到半数省份农业 TFP 保持了较好的增长，而其他省份农业 TFP 则为负增长。到 2016 年，省际农业 TFP 的内部差距已相对缩小（见图 4 - 7），除天津、辽宁、山西、吉林等个别省份外，其余省份的农业 TFP 均保持了较为明显的增长。

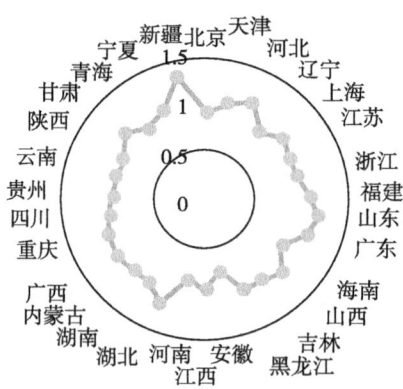

图 4 - 6 2003 年中国农业全要素生产率地区差异

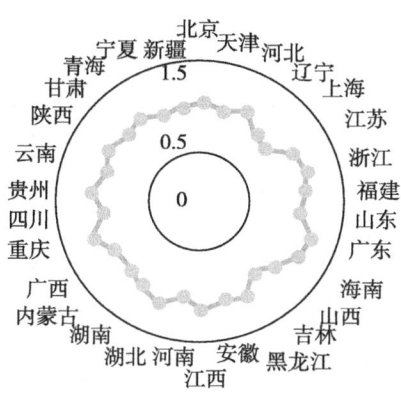

图4-7　2016年中国农业全要素生产率地区差异

4.3　中国农业全要素生产率收敛性分析

4.3.1　中国农业全要素生产率的 σ 收敛

对于 σ 收敛检验，这里通过变异系数反映 σ 收敛。图4-8展示了考察期内全国农业全要素生产率及其构成的 σ 收敛系数的演变趋势。从全国看，农业全要素生产率的变异系数呈现波动下降态势，由考察初期的0.114下降至末期的0.073，表明中国农业全要素生产率存在明显的 σ 收敛特征。从构成来看，农业技术进步和农业技术效率的变异系数均呈现明显的下降趋势，分别由考察初期的0.084和0.091下降至末期的0.051和0.058，即均存在明显的 σ 收敛特征。不难发现，考察期内全国层面上农业全要素生产率及其构成均呈现 σ 收敛态势，表明全国层面上农业全要素生产率、农业技术进步和农业技术效率的内部差距均呈现一定的缩小趋势。

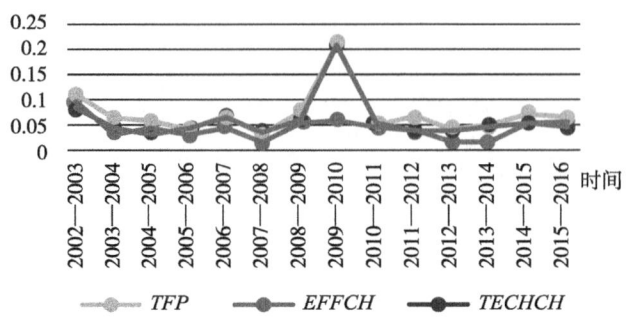

图4-8 中国农业全要素生产率 σ 收敛特征

分地区来看，衡量三大地区（东部、中部和西部）农业全要素生产率差异变动的变异系数均出现了明显波动趋势（见图4-9）。其中，东部地区农业全要素生产率变异系数由期初的0.082上升至0.087，表现为轻微的扩大及发散趋势。中部地区农业全要素生产率变异系数由期初的0.136下降至期末的0.075，表现为显著的 σ 收敛特征，即地区内部省份的农业全要素生产率差距在不断下降。西部地区农业全要素生产率变异系数由期初的0.111下降至期末的0.057，表现为明显的 σ 收敛特征，表明西部地区农业全要素生产率的内部差距也呈现明显的下降趋势。不难发现，东部地区农业全要素生产率不存在 σ 收敛，而中西部地区农业全要素生产率则存在明显的 σ 收敛特征。

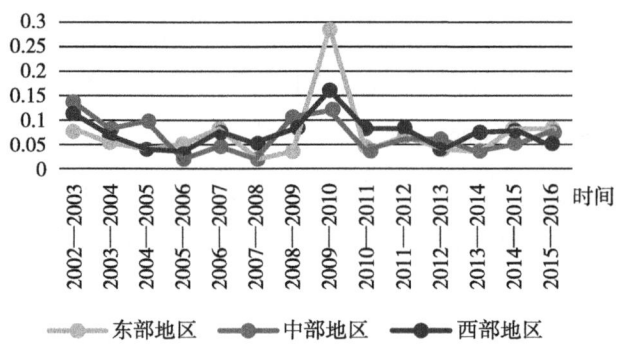

图4-9 分地区农业全要素生产率 σ 收敛特征

4.3.2　中国农业全要素生产率的 β 收敛

前文分析可知，中国农业全要素生产率及其构成均呈现明显的时序和空间差异。为进一步揭示其趋势特征及变动轨迹，这里引入 β 收敛性理论进一步研究挖掘。基于前文构建的绝对 β 收敛计量模型以及条件 β 收敛计量模型，对中国农业全要素生产率及其构成的收敛性特征进行检验，旨在探索中国农业 TFP 增长及其分解指标差异的变动规律。

表4-6　中国农业全要素生产率及其分解指标的绝对收敛性检验结果

	TFP	EFFCH	TECHCH
α	0.003 *** (2.788)	− 0.003 *** (− 3.972)	0.006 *** (8.119)
β	− 0.072 *** (− 8.135)	− 0.066 *** (− 8.183)	− 0.084 *** (− 9.072)
调整的 R^2	0.692	0.695	0.737
F	66.186	66.966	82.309

注：***表示通过在1%显著性水平检验，**表示通过在5%显著性水平检验，*表示通过在10%显著性水平检验，括号中为 t 统计量数据，表4-7、表4-8、表4-9同。

表4-6为中国农业全要素生产率、技术效率、技术进步的绝对收敛的检验结果。不难得出，中国农业全要素生产率及分解指数均通过了绝对 β 收敛检验，农业全要素生产率的 β 系数为 −0.072且显著，表明考察期内中国农业全要素生产率增长的区域差距在持续缩小。这与曾先峰和李国平（2008）、郭军华和李帮义（2009）等的研究结论是一致的。进一步检验农业全要素生产率分解指标（农业技术进步和农业技术效率）的收敛性特征发现，农业技术效率 β 系数为 −0.066，通过了1%的显著性水平检验，说明中国农业技术效率出现了显著的绝对 β 收敛现象，也就是说，落后地区的省份通过向领先地区学习模仿其先进管理经验，最终

缩小了与领先区域的差距。技术进步水平 β 系数为 -0.084, 通过了 1% 的显著性水平检验, 表明中国农业技术进步也出现了显著的绝对 β 收敛现象, 相较于技术水平低的省份, 农业技术水平较高的省份发展速度较为缓慢, 即存在农业技术进步的"追赶超越"现象, 中国农业发展并未显现技术进步的"马太效应", 这也充分表明中国农业技术的扩散和溢出是成功的。

表 4-7 中国三大地区农业全要素生产率的绝对收敛性检验结果

	东部地区	中部地区	西部地区
α	0.001 (0.664)	0.003 (1.031)	0.005 *** (4.014)
β	-0.074 ** (-2.844)	-0.068 *** (-4.319)	-0.085 *** (-6.843)
调整的 R^2	0.415	0.716	0.821
F	8.094	18.657	46.824

表 4-7 反映了中国三大地区农业全要素生产率的绝对收敛的检验结果。由表 4-7 可以发现, 三大地区农业全要素生产率均表现出明显的绝对 β 收敛特征, 出现了俱乐部收敛现象。对于东部地区, 农业全要素生产率的绝对 β 系数为 -0.074 且显著, 表明农业全要素生产率在东部地区内部差距将不断缩小。对于中部地区, 农业全要素生产率的 β 系数为 -0.068, 通过了 1% 的显著性水平检验, 说明中部地区的农业全要素生产率变动呈现绝对收敛趋势, 即中部地区农业全要素生产率的内部差距在不断缩小。对于西部地区, 农业全要素生产率的 β 系数为 -0.085, 且通过了 1% 的显著性水平检验, 表明西部地区农业全要素生产率也表现出明显的绝对 β 收敛特征。

中国农业全要素生产率、农业技术进步和农业技术效率的条件 β 收敛回归结果见表 4-8。由表 4-8 的结果可知, 中国农业全要素生产率及其分解指数的条件 β 收敛系数均显著为负，说明农业全要素生产率及其分解指标的条件 β 收敛特征均是显著的。条件 β 收敛特征表明，对于农业技术进步、农业全要素生产率和农业技术效率水平增长均比较缓慢的省份而言，只要能为其发展提供条件趋同所需要的条件，其在农业全要素生产率及其分解指标增长上均可以一种更快的速度向领先省份逼近，甚至还有可能追赶上或超越领先省份的农业增长，从而最终能把握住从根本上扭转农业全要素生产率等与领先省份间差距扩大的机遇，进而有利于中国农业的统筹协调发展和高质量发展。这与李谷成（2009）、张海霞和韩佩珺（2018）等的研究结论是一致的。

表 4 - 8　中国农业全要素生产率及其分解指数的条件收敛性检验结果

	TFP	*EFFCH*	*TECHCH*
α	0.094 *** (13.388)	− 0.005 ** (− 2.014)	0.003 * (1.874)
β	− 1.077 *** (− 21.988)	− 1.091 *** (− 22.760)	− 1.040 *** (− 80.305)
调整的 R^2	0.557	0.574	0.943
F	483.498	518.031	6449.022

表 4 - 9 反映了中国三大地区农业全要素生产率的条件 β 收敛的检验结果。由表 4 - 9 不难发现，东部、中部和西部三大地区的农业全要素生产率均通过了条件 β 收敛检验，即上述地区存在显著的俱乐部收敛现象。在东部地区，农业全要素生产率的条件 β 收敛检验系数为 − 1.077 且显著，表明东部地区农业全要素生产率的内部差距呈现明显的缩小趋势。中部地区农业全要素生产率的 β 系数为 − 1.091 且显著，说明中部地区的农业全要素生产率变动呈现条件 β 收敛趋势，即中部地区农业全要素生产率的内部差距在不断缩小。西部地区农业全要素生产率的 β 系数为 − 1.040 且显

著，表明该地区农业全要素生产率也表现出明显的条件 β 收敛特征，即各省域农业朝着自身稳定状态发展。

表4－9　中国三大地区农业全要素生产率的条件收敛性检验

	东部地区	中部地区	西部地区
α	0. 105 *** (8. 009)	0. 092 *** (7. 758)	0. 098 *** (7. 825)
β	－ 1. 032 *** （ － 12. 001）	－ 1. 069 *** （ － 12. 189）	－ 1. 172 *** （ － 13. 822）
调整的 R^2	0. 521	0. 608	0. 591
F	144. 035	148. 592	191. 055

4.4　本章小结

本章利用2002—2016 年中国 30 省份面板数据，基于 DEA 的非参数 Malmquist 指数法测算了 2003—2016 年中国农业全要素生产率及其分解（农业技术进步和农业技术效率），系统分析了农业 TFP 变动的时序特征、省际特征、地区特征以及增长动力、增长模式等差异，进一步运用趋同理论，检验了农业 TFP 及其分解是否收敛。研究得出结论如下：

第一，从整体层面看，中国 2003—2016 年的农业 TFP 保持了明显的增长态势，具有明显的农业技术进步驱动型特征，而技术效率则对农业全要素生产率产生了一定的"拖累效应"，但这种负面影响相对较小。农业纯技术效率低下严重制约了农业技术效率的改善，表明当前应在挖掘农业现有资源和技术的潜力上下工夫。这给我们的启示在于，新时代下的农业发展，在巩固农业技术进步贡献优势的基础上，必须进行适当的管理创新及制度变革，积极打破农业纯技术效率的负面约束。

第二，在时序层面，考察期间的中国农业全要素生产率水平和农业技术进步在总体上表现为明显的波动增长特征，而农业技术效率表现出了波动下降趋势，农业纯技术效率和农业规模效率均呈现了波动下降趋势。在省级层面，中国农业 TFP 增长存在明显的省际差异，大多数省份的农业 TFP 水平在全国平均数以上。从农业全要素生产率增长的动力来看，农业 TFP 增长表现为三种发展模式：一是技术进步和技术效率共同驱动型，二是技术进步驱动技术效率抑制型，三是纯粹技术进步驱动型。在区域层面，东部地区、中部地区和西部地区的农业 TFP 均保持了明显的增长态势。从强度上来看，农业 TFP 总体表现为东部地区＞西部地区＞全国＞中部地区。从增长动力来看，农业技术进步是东部、中部和西部三大地区农业 TFP 增长的动力源泉。从改善幅度来看，中部地区最为明显，西部地区次之，东部地区改善幅度最小。

第三，从变动趋势的考察发现，中国农业 TFP 及其构成指数均存在明显的 σ 收敛，且农业全要素生产率的 σ 收敛现象在东部、中部和西部三大地区也是显著存在的。中国农业 TFP、农业技术效率、农业技术进步率均存在明显的绝对 β 收敛和条件 β 收敛，三大地区农业全要素生产率也呈现明显的绝对 β 收敛和条件 β 收敛特征。也就是说，中国农业发展在朝着一个共同的均衡水平调整，只要能够满足农业发展趋同条件，就可以助推落后地区或省份的农业发展实现"追赶超越"，进而实现农业的协调发展。

第五章　生产性服务业对农业全要素生产率影响的总体效应分析

本章研究的目的在于结合第三章测度的农业全要素生产率水平指数，在第二章理论分析的基础上，利用面板数据回归检验生产性服务业发展对中国农业全要素生产率的总体影响情况，旨在回答生产性服务业发展是否促进了农业全要素生产率增长，如果有积极影响，生产性服务业的支农溢出是否以农业技术进步抑或农业技术效率为路径实现，生产性服务业对农业全要素生产率的影响存在何种差异等问题，从而总体上判断生产性服务业能否作为促进当前农业增长方式转变和高质量发展的重要动力因素。

5.1　计量模型与变量设定

5.1.1　计量模型构建

为了尽可能科学合理地基于产业增长和产业集聚的双重视角评估生产性服务业发展与农业全要素生产率及其构成之间的关联机制，并进一步揭示二者之间是否存在一定的空间异质性特征，本章拟从以下三个层面构建计量模型进行研究。

首先，分别检验生产性服务业增长或集聚及其他控制变量是否影响了农业全要素生产率。事实上，影响农业全要素生产率的因素较多，借鉴已有研究成果并结合本章研究的实际需要，这里选择财政支农力度、自然环境、土地利用能力和农户经营规模等因素作为控制变量。基于产业集聚和产业增长的双重视角分别构建的基本计量模型表现为：

$$tfpch = f\ (psa,\ envi,\ sup,\ lanu,\ fars)\qquad（式 5 - 1）$$

$$tfpch = f\ (psc,\ envi,\ sup,\ lanu,\ fars)\qquad（式 5 - 2）$$

在进行参数估计时，具体设计的计量模型形式分别为

$$tfpch_{it} = C + \beta_1 psa_{it} + \beta_2 envi_{it} + \beta_3 sup_{it} + \beta_4 lanu_{it} + \beta_5 fars_{it} + \lambda_i + \varepsilon_{it}$$

$$（式 5 - 3）$$

$$tfpch_{it} = C + \delta_1 psc_{it} + \delta_2 envi_{it} + \delta_3 sup_{it} + \delta_4 lanu_{it} + \delta_5 fars_{it} + \lambda_i + \varepsilon_{it}$$

$$（式 5 - 4）$$

式 5 - 3 和式 5 - 4 中，$tfpch_{it}$ 表示 i 省份 t 时期的农业全要素生产率水平，psa_{it} 和 psc_{it} 分别表示 i 省份 t 时期的生产性服务业集聚水平和增长水平，C 为截距项，$\beta_2 \sim \beta_5$、$\delta_2 \sim \delta_5$ 均表示控制变量的估计系数，λ_i 是不可观测的地区效应，ε_{it} 为随机扰动项。当我们控制了财政支农力度（sup_{it}）、自然环境（$envi_{it}$）、土地利用能力（$lanu_{it}$）和农户经营规模（$fars_{it}$）等因素影响后，β_1 的正负与大小反映了生产性服务业集聚对农业全要素生产率影响的方向及程度，δ_1 的正负与大小则反映了生产性服务业增长对农业全要素生产率影响的方向及程度。据此可以检验新时代下生产性服务业集聚抑或规模增长哪个对农业全要素生产率的贡献更为显著。

其次，检验生产性服务业发展对农业全要素生产率影响的作用路径，即揭示生产性服务业发展对农业技术进步和农业技术效率的影响，探析生产性服务业集聚和增长如何影响农业全要素生产率，其中基于产业集聚视角构建的计量模型如下：

$$techch_{it} = C + \beta_{11} psa_{it} + \beta_{21} envi_{it} + \beta_{31} sup_{it} + \beta_{41} lanu_{it} + \beta_{51} fars_{it} + \lambda_i + \varepsilon_{it}$$

$$（式 5 - 5）$$

$$effch_{it} = C + \beta_{12}psa_{it} + \beta_{22}envi_{it} + \beta_{32}sup_{it} + \beta_{42}lanu_{it} + \beta_{52}fars_{it} + \lambda_i + \varepsilon_{it}$$

（式5-6）

式5-5和式5-6中，$techch_{it}$表示农业技术进步水平，$effch_{it}$表示农业技术效率水平，β_{11}和β_{12}分别表示生产性服务业集聚对农业技术进步和农业技术效率的影响，据此可以揭示出生产性服务业集聚对农业全要素生产率的作用路径。

基于产业增长视角构建的计量模型如下：

$$techch_{it} = C + \delta_{11}psc_{it} + \delta_{21}envi_{it} + \delta_{31}sup_{it} + \delta_{41}lanu_{it} + \delta_{5}fars_{it}$$
$$+ \lambda_i + \varepsilon_{it}$$

（式5-7）

$$effch_{it} = C + \delta_{12}psc_{it} + \delta_{22}envi_{it} + \delta_{32}sup_{it} + \delta_{42}lanu_{it} + \delta_{52}fars_{it}$$
$$+ \lambda_i + \varepsilon_{it}$$

（式5-8）

上式中，δ_{11}和δ_{12}分别表示生产性服务业增长对农业技术进步和农业技术效率的影响，用以考察生产性服务业规模增长如何影响农业全要素生产率。

最后，基于产业增长和产业集聚的双重视角检验生产性服务业支农溢出是否存在空间异质性。不同于传统简单的地理分组检验，本章试图从农村固定资产投资强度、工业化程度和农村生产性基础设施水平等三个维度来揭示二者之间可能存在的空间异质性特征，具体采用生产性服务业集聚或增长分别与农村固定资产投资强度、工业化程度和农村生产性基础设施水平等的乘积项来刻画上述因素对农业全要素生产率影响的交互效应。其中，基于产业集聚视角构建的计量模型如下：

$$tfpch_{it} = C + \beta_{1a}psa_{it} + \beta_{2a}envi_{it} + \beta_{3a}sup_{it} + \beta_{4a}lanu_{it} + \beta_{5a}fars_{it}$$
$$+ \beta_{6a}psa_{it} \times rfi_{it} + \lambda_i + \varepsilon_{it}$$

（式5-9）

$$tfpch_{it} = C + \beta_{1b}psa_{it} + \beta_{2b}envi_{it} + \beta_{3b}\,sup_{it} + \beta_{4b}lanu_{it} + \beta_{5b}fars_{it}$$
$$+ \beta_{6b}psa_{it} \times ind_{it} + \lambda_i + \varepsilon_{it}$$

（式 5 - 10）

$$tfpch_{it} = C + \beta_{1c}psa_{it} + \beta_{2c}envi_{it} + \beta_{3c}\,sup_{it} + \beta_{4c}lanu_{it} + \beta_{5c}fars_{it}$$
$$+ \beta_{6c}psa_{it} \times infr_{it} + \lambda_i + \varepsilon_{it}$$

（式 5 - 11）

基于产业增长视角构建的计量模型如下：

$$tfpch_{it} = C + \delta_{1a}psc_{it} + \delta_{2a}envi_{it} + \delta_{3a}\,sup_{it} + \delta_{4a}lanu_{it} + \delta_{5a}fars_{it}$$
$$+ \delta_{6a}psc_{it} \times rfi_{it} + \lambda_i + \varepsilon_{it}$$

（式 5 - 12）

$$tfpch_{it} = C + \delta_{1b}psc_{it} + \delta_{2b}envi_{it} + \delta_{3b}\,sup_{it} + \delta_{4b}lanu_{it} + \delta_{5b}fars_{it}$$
$$+ \delta_{6b}psc_{it} \times ind_{it} + \lambda_i + \varepsilon_{it}$$

（式 5 - 13）

$$tfpch_{it} = C + \delta_{1c}psc_{it} + \delta_{2c}envi_{it} + \delta_{3c}\,sup_{it} + \delta_{4c}lanu_{it} + \delta_{5a}fars_{it}$$
$$+ \delta_{6c}psc_{it} \times infr_{it} + \lambda_i + \varepsilon_{it}$$

（式 5 - 14）

式 5 - 9、式 5 - 10 和式 5 - 11 分别反映农村固定资产投资强度、工业化程度和农村生产性基础设施水平三个维度作用下生产性服务业集聚对农业全要素生产率的影响情况。式 5 - 12、式 5 - 13 和式 5 - 14 分别用来揭示上述三个维度下生产性服务业增长影响农业全要素生产率的空间异质性特征。其中，$psa_{it} \times rfi_{it}$、$psa_{it} \times ind_{it}$、$psa_{it} \times infr_{it}$ 分别为生产性服务业集聚与农村固定资产投资强度、工业化程度和农村生产性基础设施水平的乘积项，而 $psc_{it} \times rfi_{it}$、$psc_{it} \times ind_{it}$、$psc_{it} \times infr_{it}$ 则分别表示生产性服务业增长与农村固定资产投资强度、工业化程度和农村生产性基础设施水平的乘积项。

5.1.2 数据与变量说明

1. 被解释变量。农业全要素生产率（ *tfpch* ）、农业技术进步（ *techch* ）和农业技术效率（ *effch* ）是本章的被解释变量，由于农业全要素生产率及其构成是根据其增长率而不是它的增长来度量，因此需要对测度的相关指数进行相应的变换。参照韩海彬和张莉的做法（2015），把第四章测算的农业全要素生产率指数及其分解转换成累积形式，即令 2002 年的农业全要素生产率水平为 1，则 2003 年的农业全要素生产率水平为 2002 年的农业全要素生产率水平乘以 2003 年的农业全要素生产率指数，依次类推，可计算出 2003—2016 年中国农业全要素生产率水平，同样采用上述处理方法可分别估算出相应的农业技术进步水平和农业技术效率水平，故不再赘述。

2. 核心解释变量：生产性服务业发展。空间集聚和规模增长均是生产性服务业发展的两个重要方面，故生产性服务业集聚（ *psa* ）和生产性服务业增长（ *psc* ）均是本章的核心解释变量，这里直接采用第三章的计算数据。另外，为了进一步深入考察生产性服务业集聚或增长对农业全要素生产率影响的空间异质性差异，不同于以往基于传统地理分组的检验，我们从农村固定资产投资强度、工业化程度和农村生产性基础设施水平三方面对样本重新做了划分，对上述变量定义如下：农村固定资产投资强度采用各省份农村固定资产投资额的对数表示，工业化程度运用各省份第二产业增加值与 GDP 比值来表示，农村生产性基础设施水平使用有效灌溉面积的对数来表示。进一步参照沈能（2012）、刘朝等（2014）的分组处理方法，按照考察期内的平均农村固定资产投资强度、平均工业化程度和平均农村生产性基础设施水平大小，将样本划分为高固定资产投资强度地区和低固定资产投资强度地区①、高工业化程度地区和低工业化程度地区②、高基础设施水平地区和低基础设施水平地区③三类。在此基础上定义虚拟变量，其中 *rfi* 表示农村固定资产投资强度的虚拟变量，如果省份 *i* 为高固定资产投资强度省份取值为 1，反之则取值为 0；*ind* 为工业化程度的虚拟变量，如果省份 *i* 为高工业化程度省份取值为 1，若省份 *i* 为低工业化程度省份则取值为 0；*infr* 为农村生产性基础设施水平的虚拟变量，若省份 *i* 为高农村生产性基础设施水平省份取值为 1，反之则取值为 0。

　　3. 控制变量。为了尽可能得到无偏的估计结果，这里还控制了以下变量。①自然环境（*envi*），农业发展对自然环境具有很强的依赖性，生态环境的恶化会严重制约农业增长，进而对农业全要素生产率具有不利影响。这里采用各省份受灾面积与农作物播种总面积的比值来衡量自然环境，该指标值越大表明自然环境恶化程度越高。②财政支农力度（*sup*），政府对农业的财政支持是农业科技投入的重要资金来源，也是农业高质量发展的重要保障，政府的支农政策对农业全要素生产率具有不可忽视的冲击。这里采用各省份财政农业支出在财政总支出中的占比来表示财政支农力度，该指标值越大表明政府财政支农力度越高。③土地利用能力（*lanu*），土地是农业生产的基础，土地利用能力的高低关乎农业全要素生产率的增长，这里选用各省份有效灌溉面积与耕地总

---

　　①　按农村固定资产投资强度划分，高固定资产投资强度地区是指河北、江苏、浙江、安徽、江西、山东、河南、湖南、广西、四川、贵州、云南、青海、宁夏和新疆15个省份，其他省份为低固定资产投资强度地区。

　　②　按工业化程度划分，低工业化程度地区是指北京、黑龙江、上海、湖北、湖南、广西、海南、四川、贵州、云南、甘肃和新疆12个省份，其他省份为高工业化程度地区。

　　③　按农村生产性基础设施水平划分，低基础设施水平地区包括北京、天津、山西、上海、福建、海南、重庆、贵州、陕西、甘肃、青海和宁夏12个省份，其他省份为高农村生产性基础设施水平地区。

面积的比值来表示，该指标值越大说明土地利用能力越高。④农户经营规模（*fars*），适度的农户经营规模可能有利于先进农业技术的使用和普及，从而对农业全要素生产率产生重要影响。这里选取农业从业人员人均农作物播种面积（单位：公顷）来表示，该指标值越大表明农户经营规模越大。

5.1.3 数据说明与描述统计

本章选取中国 30 省份 2003—2016 年的平衡面板数据，由于西藏、港澳台数据缺失较多，故从研究样本中做剔除处理，研究所涉及的基础数据来源于历年的《中国农村统计年鉴》《中国工业经济统计年鉴》和《中国统计年鉴》等官方统计资料。表 5 – 1 列出了本章涉及相关变量的描述性统计结果。

表 5 – 1　变量的描述性统计情况

变量	个数	极小值	极大值	均值	标准差
tfpch	420	0.712	5.252	1.990	0.943
effch	420	0.578	1.419	1.006	0.127
techch	420	0.876	5.252	1.998	0.944
psa	420	0.643	2.438	1.014	0.295
psc	420	2.376	6.068	4.347	0.750
envi	420	0.000	0.936	0.236	0.148
sup	420	0.021	0.974	0.111	0.083
lanu	420	0.139	2.238	0.514	0.248
fars	420	0.276	3.213	0.736	0.483

图 5 – 1 展示了生产性服务业增长（*psc*）与农业全要素生产率（*tfpch*）之间的关系，横轴表示生产性服务业增长水平，纵轴表示农业全要素生产率水平。从中我们可以较为直观地发现，生产性服务业增长和农业全要素生产率的样本点比较集中，二者总体上呈现较为明显的正相关关系，即随着生产性服务业增长水平

的提高，中国农业全要素生产率呈现提升趋势。图5-2反映了生产性服务业集聚（psa）与农业全要素生产率（tfpch）之间的关系，图中的样本点更为集中，二者之间呈现较为明显的正相关关系，初步判断整体上生产性服务业集聚有利于农业全要素生产率改善。但图中也存在部分边沿观测点，表明生产性服务业集聚、生产性服务业增长与农业全要素生产率之间的正相关程度可能具有一定差异。

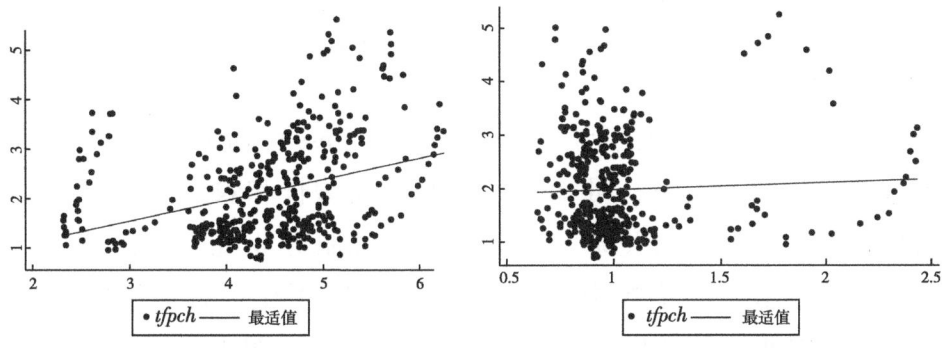

图5-1　生产性服务业增长与农业　　　　图5-2　生产性服务业集聚与农业
　　　全要素生产率关系　　　　　　　　　　全要素生产率关系

图5-3展示了生产性服务业增长（psc）与农业技术效率（effch）之间的关系，可知生产性服务业增长和农业技术效率之间存在一定的正相关关系，即生产性服务业的规模扩张可能在一定程度上促进了农业技术效率改善。图5-4反映了生产性服务业集聚（psa）与农业技术效率（effch）之间的关系，图中的样本点比较集中，可以直观地看出二者之间可能存在一定的负相关关系，即生产性服务业集聚可能并未起到改善农业技术效率的作用。

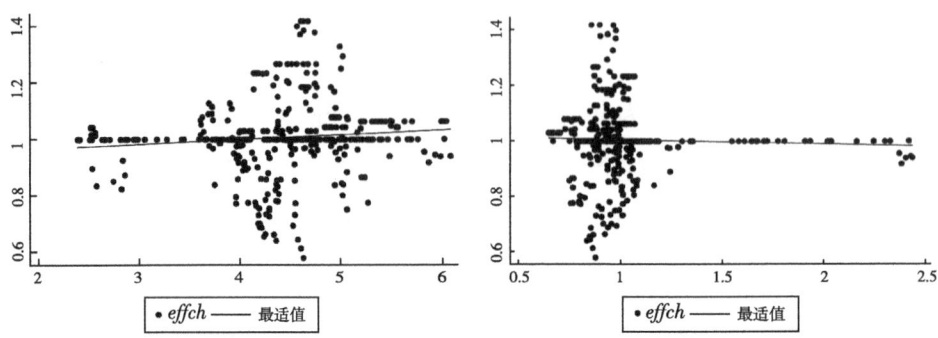

图 5 - 3　生产性服务业增长与
　　　农业技术效率关系

图 5 - 4　生产性服务业集聚与
　　　农业技术效率关系

图 5 - 5 展示了生产性服务业增长（*psc*）与农业技术进步（*techch*）之间的关系，可知生产性服务业增长和农业技术进步之间具有一定的正相关关系，即随着生产性服务业规模的提升，农业技术进步水平会不断提高。图 5 - 6 反映了生产性服务业集聚（*psa*）与农业技术进步（*techch*）之间的关系，图中的样本点相对集中，可以发现，生产性服务业集聚同样与农业技术进步之间存在一定的正相关关系。

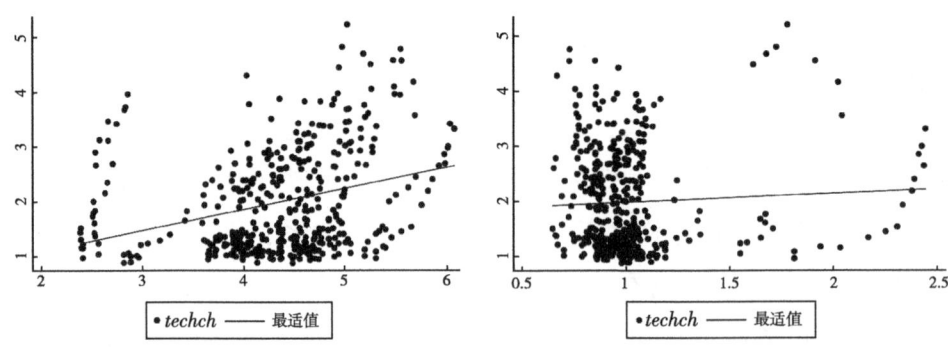

图 5 - 5　生产性服务业增长与
　　　农业技术进步关系

图 5 - 6　生产性服务业集聚与
　　　农业技术进步关系

5.2　总体效应检验及分析

5.2.1　模型与数据可靠性检验

在实证分析前，本章首先进行了多重共线性检验，这里分别计算了以生产性服务业集聚和生产性服务业增长作为核心解释变量的相关系数矩阵，分别见表5－2和表5－3。经计算，平均方差膨胀因子（VIF）的数值均小于10，在可接受的范围之内，说明本章解释变量之间不存在严重的多重共线性问题，对相关模型估计不会产生严重的偏差。

表5－2　产业集聚角度的相关系数矩阵

变量	tfpch	psa	envi	sup	Lanu	fars
tfpch	1	0.043	− 0.399 **	0.292 **	0.260 **	0.116 *
psa	0.043	1	− 0.128 **	− 0.174 **	0.139 **	− 0.020
envi	− 0.399 **	− 0.128 **	1	0.023	− 0.379 **	0.152 **
sup	0.292 **	− 0.174 **	0.023	1	− 0.179 **	0.295 **
Lanu	0.260 **	0.139 **	− 0.379 **	− 0.179 **	1	− 0.084
fars	0.116 *	− 0.020	0.152 **	0.295 **	− 0.084	1

** 、* 分别表示在1%和5%的水平下显著，表5－3同。

表5－3　产业增长角度的相关系数矩阵

变量	tfpch	psc	envi	sup	Lanu	fars
tfpch	1	0.358 **	− 0.399 **	0.292 **	0.260 **	0.116 *
psc	0.358 **	1	− 0.386 **	− 0.197 **	0.390 **	− 0.258 **
envi	− 0.399 **	− 0.386 **	1	0.023	− 0.379 **	0.152 **
sup	0.292 **	− 0.197 **	0.023	1	− 0.179 **	0.295 **
Lanu	0.260 **	0.390 **	− 0.379 **	− 0.179 **	1	− 0.084
fars	0.116 *	− 0.258 **	0.152 **	0.295 **	− 0.084	1

其次，由于本章使用的是面板数据，为了克服宏观经济数据

可能会因为时间趋势而导致的伪回归问题，还需要通过面板单位根检验测试变量的平稳性。对于面板数据考虑以下的 AR（1）过程：

$$y_{it} = \rho_i y_{it-1} + x_{it}\delta_i + u_{it}, \ i = 1, 2, \cdots, n; \ t = 1, 2, \cdots, T$$

（式 5 −15）

式 5 −15 中，参数 ρ_i 为自回归系数，x_{it} 为模型中的外生变量向量，包括各个横截面的固定影响和时间趋势，随机误差项 u_{it} 则满足独立同分布的假设，当 $|\rho_i| < 1$ 时，则可认为对应的 y_i 为平稳序列。可以根据参数 ρ_i 的不同限制，基于不同情形和相同情形来进行面板单位根检验。在具体检验技术的选择上，这里分别采用 LLC、IPS、PP − Fisher 和 ADF − Fisher 方法，通过检验发现，本章选取的面板数据是平稳的，具体检验结果见表 5 −4。

表 5 −4　面板单位根检验

变量	方法			
	LLC 检验	*IPS* 检验	*ADF* 检验	*PP* 检验
$\Delta tfpch$	− 7. 952 *** (0. 000)	− 8. 012 *** (0. 000)	169. 127 *** (0. 000)	170. 445 *** (0. 000)
$\Delta effch$	− 5. 756 *** (0. 000)	− 5. 958 *** (0. 000)	120. 528 *** (0. 000)	118. 285 *** (0. 000)
$\Delta techch$	− 9. 413 *** (0. 000)	− 7. 275 *** (0. 000)	152. 813 *** (0. 000)	152. 661 *** (0. 000)
Δpsa	− 8. 800 *** (0. 000)	− 9. 460 *** (0. 000)	193. 942 *** (0. 000)	177. 907 *** (0. 000)
Δpsc	− 7. 277 *** (0. 000)	− 6. 189 *** (0. 000)	135. 614 *** (0. 000)	140. 060 *** (0. 000)
$\Delta envi$	− 28. 969 *** (0. 000)	− 25. 129 *** (0. 000)	444. 175 *** (0. 000)	488. 702 *** (0. 000)
Δsup	− 1. 745 ** (0. 041)	− 2. 836 *** (0. 002)	109. 392 *** (0. 000)	133. 061 *** (0. 000)

续表

变量	方法			
	LLC 检验	*IPS* 检验	*ADF* 检验	*PP* 检验
$\Delta lanu$	-16.349^{***} (0.000)	-10.653^{***} (0.000)	211.990^{***} (0.000)	274.987^{***} (0.000)
$\Delta fars$	-13.245^{***} (0.000)	-9.434^{***} (0.000)	191.040^{***} (0.000)	206.805^{***} (0.000)

注：＊＊、＊＊＊分别表示在5%和1%的显著水平上拒绝原假设。

最后，为了避免估计结果出现可能的伪回归现象，这里还分别检验了生产性服务业集聚、生产性服务业增长与农业全要素生产率之间的长期均衡关联是否存在，即是否存在面板协整关联。本章基于 Pedroni（1999）的面板协整技术进行检验，具体考虑如下回归方程：

$$y_{it} = \alpha_i + \delta_i t + x'_{it}\beta_i + u_{it} \qquad （式5-16）$$

式5-16中，备择假设为存在面板协整关系，原假设即为不存在面板协整关系，x'_{it} 为 $(N \times T) \times M$ 维变量，y_{it} 为 $(M \times N) \times 1$ 维变量。Pedroni 构造了 Groupρ – stat、Group ADF – stat、Group PP – stat、Panel PP – stat、Panel$v$ – stat、Panel ADF – stat 和 Panelρ – stat 等统计量，以检验文中涉及数据是否存在面板协整关系。上述七个统计量可依次表示如下：

$$\text{Panel } v - \text{stat}: Z_{pv} = \left(\sum_{i=1}^{N} \sum_{t=1}^{T} \hat{L}_{11i}^{-2} \hat{u}_{it-1}^{2} \right)^{-1}$$

$$（式5-17）$$

$$\text{Panel } \rho - \text{stat}: Z_{p\rho} = \left(\sum_{i=1}^{N} \sum_{t=1}^{T} \hat{L}_{11i}^{-2} \hat{u}_{it-1}^{2} \right)^{-1} \sum_{i=1}^{N} \sum_{t=1}^{T} \hat{L}_{11i}^{-2} (\hat{u}_{it-1} \Delta \hat{u}_{it} - \hat{\lambda}_i)$$

$$（式5-18）$$

$$\text{Panel PP} - \text{stat}: Z_{p^{pp}} = \left(\hat{\sigma}^2 \sum_{i=1}^{N} \sum_{t=1}^{T} \hat{L}_{11i}^{-2} \hat{u}_{it-1}^{2} \right)^{-1/2} \sum_{i=1}^{N} \sum_{t=1}^{T} \hat{L}_{11i}^{-2} (\hat{u}_{it-1} \Delta \hat{u}_{it} - \hat{\lambda}_i)$$

$$（式5-19）$$

$$\text{Panel ADF} - \text{stat}: Z_{p^{ADF}} = (\hat{S}^{*\,2} \sum_{i=1}^{N} \sum_{t=1}^{T} \hat{L}_{11i}^{-2} \hat{u}_{it-1}^{*\,2})^{-1/2} \sum_{i=1}^{N} \sum_{t=1}^{T} \hat{L}_{11i}^{-2} \hat{u}_{it-1}^{*} \Delta \hat{u}_{it}^{*}$$

（式 5 - 20）

$$\text{Group } \rho - \text{stat}: Z_{gp} = \sum_{i=1}^{N} (\sum_{t=1}^{T} \hat{u}_{it-1}^{2})^{-1} \sum_{t=1}^{T} (\hat{u}_{it-1} \Delta \hat{u}_{it} - \hat{\lambda}_i)$$

（式 5 - 21）

$$\text{Group PP} - \text{stat}: Z_{g^{pp}} = \sum_{i=1}^{N} (\hat{\sigma}^2 \sum_{t=1}^{T} \hat{u}_{it-1}^{2})^{-1/2} \sum_{t=1}^{T} (\hat{u}_{it-1} \Delta \hat{u}_{it} - \hat{\lambda}_i)$$

（式 5 - 22）

$$\text{Group ADF} - \text{stat}: Z_{g^{pp}} = \sum_{i=1}^{N} (\sum_{t=1}^{T} \hat{S}_i^2 \hat{u}_{it-1}^{*\,2})^{-1/2} \sum_{t=1}^{T} \hat{u}_{it-1}^{*} \Delta \hat{u}_{it}^{*}$$

（式 5 - 23）

式 5 - 17 至式 5 - 23 中，$\hat{u}_{it}^{*}$ 表示式 5 - 16 的残差估计值，$\hat{S}_i^2$（$\hat{S}^{*\,2}$）、$\hat{\sigma}^2$ 表示单元 i 的长期方差和同期方差，$\hat{L}_{11i}^{-2}$ 表示残差 u_{it} 长期协方差矩阵的三角矩阵。其中，式 5 - 17 至式 5 - 20 均基于联合组内尺度进行描述，式 5 - 21 至式 5 - 23 均使用组间尺度来描述，上述统计量中，除式 5 - 17 为右尾检验外，其他统计量均属于左尾检验。

表 5 - 5　生产性服务业集聚与农业全要素生产率关系的面板协整检验

检验方法		检验结果	
组内统计量	$H_0: \rho = 1$ $H_1: (\rho_i = \rho) < 1$	Panel v - stat	16.979 *** （0.000）
		Panel ρ - stat	1.298 （0.903）
		Panel PP - stat	-1.817 ** （0.034）
		Panel ADF - stat	-2.899 *** （0.002）
组间统计量	$H_0: \rho = 1$ $H_1: (\rho_i = \rho) < 1$	Group ρ - stat	2.868 （0.997）
		Group PP - stat	-1.637 * （0.050）
		Group ADF - stat	-2.555 *** （0.005）

注：（　）中的数值为该统计量的伴随概率，***、**、* 分别表示在 1%、5%、10% 的显著性水平下通过了显著性检验。表 5 - 6 同。

表5-6　生产性服务业增长与农业全要素生产率关系的面板协整检验

检验方法		检验结果	
组内统计量	$H_0 : \rho = 1$ $H_1 : (\rho_i = \rho) < 1$	Panel v – stat	9.784*** (0.000)
		Panel ρ – stat	1.102 (0.864)
		Panel PP – stat	− 1.524* (0.063)
		Panel ADF – stat	− 2.603*** (0.005)
组间统计量	$H_0 : \rho = 1$ $H_1 : (\rho_i = \rho) < 1$	Group ρ – stat	3.274 (0.999)
		Group PP – stat	− 0.694 (0.243)
		Group ADF – stat	− 3.071*** (0.001)

表5-5和表5-6分别列示生产性服务业集聚、生产性服务业增长与农业全要素生产率之间的面板协整检验结果。根据经验，在研究样本期跨度较大的情况下，比如大于20年，Pedroni 的七个统计量偏误都较小且效能也较高；在研究样本期跨度较小的情形下，Panel ADF – stat 和 Group ADF – stat 两个统计量的检验效果最好。本书研究的时间跨度为14年，故主要参照 Panel ADF – Stat 和 Group ADF – Stat 两个统计量进行结果的判断。检验表明，上述两种情形下，Panel ADF – Stat 和 Group ADF – Stat 统计量都通过了1%的显著性水平检验，表明生产性服务业集聚、生产性服务业增长均与农业全要素生产率之间存在的面板协整关系，两种情形下的面板协整检验均显示，生产性服务业发展与农业全要素生产率之间存在明显长期稳定的均衡关联，也证实了前文设置的生产性服务业集聚、生产性服务业增长影响农业全要素生产率的面板计量模型是合理的。

5.2.2　全国层面的实证检验

本章采用了变截距的 GLS 估计方法对基本模型进行估计，表5-7分别给出了对式5-3和式5-4进行估计的随机效应（RE）和固定效应（FE）检验结果。由 Hausman 检验结果发现，固定效应模型相较于随机效应模型更加适合本章的研究。其中，模型 Ia 为生产性服务业集聚对农业全要素生产率影响的估计结果，模型 Ic 是生产性服务业增长对农业全要素生产率影响的估计结果，模型 Ib 和模型 Id 分别为剔除 2003 年样本后相应的稳健性估计结果。上述四个模型均通过 F 检验且具有较高的解释力度，说明模型的拟合程度较好，具有较强的解释能力。表 5 - 7 中基于固定效应模型的估计结果显示，从产业集聚视角来看，生产性服务业集聚（psa）在 10% 的水平下显著为正，表明生产性服务业集聚是影响农业全要素生产率的一个重要因素，即生产性服务业集聚有利于促进农业全要素生产率提升。这在一定程度上支持了于斌斌（2017）、宣烨和余泳泽（2017）等研究生产性服务业集聚与制造业生产率关联性问题所得结论，也表明生产性服务业集聚不仅仅只是有利于制造业效率提升，对农业高质量发展的重要作用也值得重视；从产业增长视角来看，生产性服务业增长（psc）在 1% 的水平下显著为正，表明加入世界贸易组织以来，生产性服务业规模的快速提升同样对农业全要素生产率的改善起到了较为积极的影响，这也佐证了胡铭（2013）发现的生产性服务业增长对农业发展具有重要提升作用的观点。通过产业集聚和产业增长两个维度的比较发现，生产性服务业集聚的影响系数为 0.868，明显小于生产性服务业增长的作用系数 1.146，表明大力发展生产性服务业对农业高质量增长是大有裨益的，但生产性服务业规模增长对农业全要素生产率的积极影响明显强于产业集聚的作用，这一现象尤为值得关注。模型 Ib 和模型 Id 的稳健性检验结果均说明了本章得出的上述基本结论是可靠的。

表 5 – 7 基于基本模型的估计结果

变量	模型 Ia		模型 Ib		模型 Ic		模型 Id	
	RE	FE	RE	FE	RE	FE	RE	FE
C	1.053*** (3.463)	– 0.143 (– 0.273)	1.152*** (3.584)	– 0.034 (– 0.060)	– 3.711*** (– 9.184)	– 10.265*** (– 16.520)	– 3.970*** (– 9.348)	– 10.267*** (– 16.170)
psa	0.191 (0.825)	0.868* (1.922)	0.184 (0.753)	0.862* (1.757)				
psc					1.146*** (12.977)	2.678*** (18.402)	1.223*** (13.228)	2.697*** (18.204)
$envi$	– 2.166*** (– 7.872)	– 2.052*** (– 7.203)	– 2.109*** (– 7.288)	– 2.015*** (– 6.721)	– 1.501*** (– 7.142)	– 1.047*** (– 4.851)	– 1.358*** (– 6.194)	– 0.902*** (– 4.004)
sup	3.509*** (7.474)	3.019*** (6.126)	3.254*** (6.834)	2.825*** (5.675)	2.856*** (8.127)	1.492*** (4.025)	2.576*** (7.334)	1.322*** (3.581)
$Lanu$	0.962*** (4.108)	1.116*** (3.647)	0.906*** (3.745)	1.008*** (3.246)	0.358*** (1.824)	0.262*** (2.145)	0.288 (1.447)	0.201*** (0.879)
$fars$	0.502*** (3.819)	1.124*** (5.610)	0.491*** (3.557)	1.124*** (5.351)	0.775*** (6.956)	0.764*** (5.253)	0.768*** (6.641)	0.713*** (4.752)
Hausman	22.693		20.465		196.226		180.488	
$A – R^2$	0.333	0.461	0.303	0.455	0.487	0.711	0.478	0.715
F 值	42.739	11.552	34.743	10.531	80.455	31.263	72.193	29.759

注: *、**和***分别表示在10%、5%和1%的水平上显著。

另外，由控制变量的估计结果可知，自然环境变量和农业全要素生产率显著负相关，表明自然环境是农业全要素生产率变动的重要因素之一，说明自然环境的恶化将会严重抑制农业全要素生产率的改善。财政支农力度变量的系数方向为正，且通过了1%的显著性水平检验，表明现阶段政府对农业财政支持力度增大将会明显驱动农业全要素生产率增长。土地利用能力的系数显著为正，说明提高土地利用能力显著有利于农业全要素生产率水平提升，但该因素的驱动效果弱于财政支农的作用。农户经营规模的系数显著为正，说明较高的农业经营规模可能更有利于先进农业技术的使用和普及，规模化程度越高越有利于农业全要素生产率水平改善。

5.2.3　作用路径检验

为了深入阐释生产性服务业如何影响农业全要素生产率，这里基于产业集聚和产业增长的双重视角分别估计了生产性服务业对农业技术进步和农业技术效率的影响，具体估计结果见表5－8。

表5－8　基于作用路径的估计结果

变量	Ⅱa		Ⅱb		Ⅱc		Ⅱd	
	RE	FE	RE	FE	RE	FE	RE	FE
C	1.140*** (4.264)	-0.169 (-0.317)	1.038*** (23.966)	1.032** (25.554)	-2.762*** (-7.707)	-1.760*** (-17.458)	1.196*** (19.240)	1.265** (19.682)
psa	0.188 (0.956)	0.857* (1.869)	-0.009 (-0.282)	-0.005 (-0.141)				
psc					0.927*** (11.977)	2.789*** (19.321)	-0.041*** (-3.002)	-0.058*** (-3.835)
envi	-2.288*** (-8.321)	-2.115*** (-7.309)	0.016 (0.718)	0.015 (0.699)	-1.662*** (-8.040)	-1.068*** (-4.987)	-0.001 (-0.033)	-0.006 (-0.285)
sup	4.030*** (8.576)	3.554*** (7.099)	-0.177*** (-4.677)	-0.181*** (-4.753)	3.578*** (10.407)	1.961*** (5.333)	-0.154*** (-4.054)	-0.147*** (-3.842)
Lanu	0.906*** (4.229)	1.251*** (4.026)	-0.045*** (-1.933)	-0.049** (-2.070)	0.439** (2.392)	0.360* (1.786)	-0.029 (-1.263)	-0.030 (-1.264)
fars	0.399*** (3.448)	1.030*** (5.062)	0.022 (1.455)	0.027* (1.744)	0.682*** (6.727)	0.658*** (4.566)	0.025* (1.714)	0.034** (2.239)
Hausman	23.556		13.860		257.636		11.169	
$A-R^2$	0.355	0.446	0.057	0.823	0.478	0.716	0.076	0.830
F值	47.200	10.902	6.031	58.431	77.671	32.059	7.909	61.092

注：*、**和***分别表示在10%、5%和1%的水平上显著。

表5－8中，模型Ⅱa和模型Ⅱc分别为基于产业集聚和产业增长视角估计的生产性服务业与农业技术进步之间关联性的估计结果，模型Ⅱb和模型Ⅱd分别为相应的生产性服务业集聚和增长与农业技术效率之间的关联性估计结果。采用Hausman检验发现固定效应模型更适合生产性服务业作用路径的研究，从技术进步

路径来看，生产性服务业集聚的系数为 0.857 且通过了 10% 的显著性水平检验，生产性服务业增长的系数为 2.789 且通过了 1% 的显著性检验，表明生产性服务业空间集聚和规模增长均有利于农业技术进步水平提升，但生产性服务业规模增长的积极影响明显强于产业集聚的驱动；从技术效率路径来看，生产性服务业集聚的系数为 -0.005，但并未通过显著性检验，表明生产性服务业集聚对农业技术效率产生了一定的负面影响，但这种作用并不明显。生产性服务业增长的系数为负且显著，表明生产性服务业规模的提升对农业技术效率产生了明显的抑制作用。进一步分析发现，生产性服务业集聚和增长对农业技术进步的积极影响均完全抵消了其对农业技术效率的轻微抑制影响，也正因为如此，致使生产性服务业促进了农业增长方式的转变。可见，现阶段无论生产性服务业集聚抑或生产性服务业增长均主要是通过作用于农业技术进步来驱动农业高质量发展的，但其对技术效率的负面影响也不容忽视。

5.2.4 空间异质效应检验

为了进一步揭示生产性服务业发展对农业全要素生产率影响的空间异质效应，经检验固定效应模型更适合于本部分的研究，这里进一步基于产业集聚和产业增长的双重视角对式 5 - 9 至式 5 - 14进行估计，相应的固定效应模型估计结果见表 5 - 9，由表 5 - 9不难发现，生产性服务业无论是规模增长还是空间集聚均对农业高质量发展产生了显著的空间异质性约束，具体表现如下：

基于产业集聚维度得出如下结论：第一，模型 Ⅲa 是加入虚拟变量 rfi 后的估计结果，$psa \times rfi$ 的影响系数显著为负，生产性服务业集聚对我国农业全要素生产率的影响系数估计值为 1.933 - 4.557 × rfi，这说明相对于高农村固定资产投资强度地区，生产性服务业集聚对低农村固定资产投资强度地区农业全要素生产率的促进作用更为明显，即随着农村固定资产投资强度的提高，生产性服务业集聚对农业全要素生产率的促进程度不断下降。第二，模型Ⅲb是加入虚拟变量 *ind* 后的估计结果，*psa* × *ind* 影响系数显著为负，说明生产性服务业集聚对高工业化程度地区农业全要素的促进作用弱于低工业化程度地区，即随着工业化程度的不断提升，生产性服务业集聚对农业全要素生产率的积极作用会不断降低。第三，模型Ⅲc是加入虚拟变量 *infr* 后的估计结果，*psa* × *infr* 的影响系数显著为正，说明相较于低农村生产性基础设施水平地区，生产性服务业集聚对高生产性基础设施水平地区农业全要素生产率的促进作用更大，也就是说，随着农村生产性基础设施水平的提升，生产性服务业集聚对农业全要素生产率的促进作用更大。

表 5 – 9　基于空间异质性的估计结果

变量	模型Ⅲa	模型Ⅲb	模型Ⅲc	模型Ⅳa	模型Ⅳb	模型Ⅳc
C	1.008 * (1.750)	0.886 (1.406)	1.283 ** (2.247)	− 10.320 *** (− 16.468)	− 10.287 *** (− 16.633)	− 10.258 ** (− 16.172)
psa	1.933 *** (3.827)	1.702 *** (3.190)	2.314 *** (4.510)			
psc				2.601 *** (14.277)	2.347 *** (11.155)	2.685 *** (13.402)
envi	− 1.978 *** (− 7.091)	− 2.064 *** (− 7.312)	− 1.990 *** (− 7.227)	− 1.043 *** (− 4.827)	− 1.023 *** (− 4.758)	− 1.047 *** (− 4.845)
sup	2.856 *** (5.911)	2.990 *** (6.123)	3.064 *** (6.436)	1.477 *** (3.976)	1.566 *** (4.226)	1.493 *** (4.019)
Lanu	1.031 *** (3.442)	0.907 *** (2.910)	0.966 *** (3.255)	0.279 * (1.812)	0.262 * (1.751)	0.261 * (1.834)
fars	0.949 *** (4.742)	1.008 *** (4.972)	1.126 *** (5.816)	0.745 *** (5.032)	0.713 *** (4.870)	0.763 *** (5.240)

续表

变量	模型Ⅲa	模型Ⅲb	模型Ⅲc	模型Ⅳa	模型Ⅳb	模型Ⅳc
$psa \times rfi$	− 4. 557 *** (− 4. 341)					
$psa \times ind$		− 2. 937 *** (− 2. 871)				
$psa \times infr$			0. 497 *** (− 5. 352)			
$psc \times rfi$				0. 185 (0. 698)		
$psc \times ind$					0. 569 ** (2. 168)	
$psc \times infr$						− 0. 187 *** (5. 176)
Hausman	39. 721	31. 050	49. 005	192. 098	200. 758	173. 363
$A − R^2$	0. 485	0. 471	0. 446	0. 710	0. 713	0. 710
F 值	12. 280	11. 668	12. 845	30. 344	30. 796	30. 292

注：*、**和***分别表示在10%、5%和1%的水平上显著。

基于产业增长维度可以发现：第一，由模型Ⅳa可知，加入虚拟变量 rfi 后，$psc \times rfi$ 的影响系数显著为正（虽不显著），说明相对于低农村固定资产投资强度地区，高农村固定资产投资强度地区大力促进生产性服务业规模提升更有利于其农业全要素生产率水平改善，即随着农村固定资产投资强度的提高，生产性服务业增长对农业全要素生产率的促进程度持续增强。第二，由模型Ⅳb可知，加入虚拟变量 ind 后，$psc \times ind$ 影响系数显著为正，说明相对于低工业化程度地区，生产性服务业规模提升对高工业化程度地区农业全要素生产率的促进作用更为明显，即随着工业化程度的不断提升，生产性服务业规模增长对农业全要素生产率的积极作用会持续增强。第三，由模型Ⅳc可知，加入虚拟变量 $infr$ 后，$psc \times infr$ 的影响系数显著为负，说明相较于低生产性基础设施水平地区，生产性服务业规模提升对高农村生产性基础设施水平地区农业全要素生产率的促进作用更小，也就是说，随着农村生产性基础设施水平的提升，生产性服务业规模增长对农业全要素生产率的促进作用会不断降低。经比较发现，生产性服务业的"空间集聚"和"规模提升"在同类区域的作用效果存在鲜明差异，这预示着不同区域应结合自身实际，因地制宜地制定生产性服务业"集聚"或"增长"的产业政策，兼顾生产性服务业政策实施的优先度和侧重点。

5.2.5 稳健性检验及内生性处理

为了确保前文估计结果的可靠性，本书除了采用加入控制变量、虚拟变量，在采用不同估计方法等手段外，还分别对剔除了农业全要素生产率、农业技术进步和农业技术效率最大值和最小值的样本进行了估计，以尽可能消除非随机性和异常值可能会对回归结果产生影响，具体估计结果见表5-10。表5-10中，模型Ⅴa和模型Ⅵa分别为生产性服务业集聚、生产性服务业增长对农业全要素生产率的估计结果，模型Ⅴb和模型Ⅵb分别为生产性服务业集聚、生产性服务业增长对农业技术进步的估计结果，模型Ⅴc和模型Ⅵc分别为生产性服务业集聚、生产性服务业增长对农业技术效率的估计结果。与表5-7、表5-8的估计结果比较发现，无论是核心解释变量抑或控制变量均基本一致，只是在系数大小和显著性上有所区别，证实了前文基本结论的可靠性。对于内生性问题的处理，这里对滞后一期的生产性服务业集聚和生产性服务业增长变量分别进行了估计，结果发现，psa 和 psc 系数均为正，且估计结果较为接近，再次证实了前文结果的可靠性，也说明内生性问题并不严重。进一步发现，滞后一期后生产性服务业集聚和生产性服务业增长变量的系数均明显增大，表明生产性服务业集聚、生产性服务业规模增长对农业全要素生产率的促进影响存在一定的"滞后效应"。总之，上述分析均佐证了前文得出的主要结论具有较好的稳健性。

表 5 – 10　稳健性估计及内生性处理

变量	模型Ⅴa	模型Ⅴb	模型Ⅴc	模型Ⅴd	模型Ⅵa	模型Ⅵb	模型Ⅵc	模型Ⅵd
C	0.386 (1.407)	0.257 (0.974)	1.051*** (22.754)	– 0.034 (– 0.059)	– 1.253*** (– 3.673)	– 1.029*** (– 3.084)	0.902*** (14.840)	– 10.266*** (– 16.169)
psa	0.298** (2.133)	0.387*** (2.873)	– 0.034 (– 1.470)	0.862* (1.756)				
psc					0.408*** (7.163)	0.361*** (6.488)	0.020** (1.996)	2.696*** (18.204)
envi	– 2.022*** (– 7.062)	– 2.166*** (– 7.856)	0.084* (1.760)	– 2.015*** (– 6.721)	– 1.605*** (– 5.813)	– 1.827*** (– 6.763)	– 0.118** (– 2.401)	– 0.901*** (– 4.004)
sup	11.022*** (8.047)	11.534*** (8.747)	– 0.140 (– 0.607)	2.825*** (5.675)	12.425*** (9.857)	12.380*** (10.035)	0.090 (0.401)	1.321*** (3.581)
Lanu	0.997*** (5.715)	0.975*** (5.803)	0.014 (0.489)	1.007*** (3.245)	0.754*** (4.500)	0.757*** (4.619)	0.003 (0.102)	0.201 (0.879)
fars	0.180** (2.103)	0.225*** (2.735)	– 0.028** (– 2.000)	1.124*** (5.351)	0.272*** (3.368)	0.315*** (3.974)	– 0.027* (– 1.883)	0.713*** (4.751)
A – R²	0.295	0.333	0.268	0.454	0.375	0.389	0.026	0.715
F 值	6.119	7.119	5.016	10.530	8.349	8.809	3.135	29.759

注：*、**和***分别表示在10%、5%和1%的水平上显著。

5.3　本章小结

本章基于产业集聚和产业增长的双重视角，采用中国2003—2016 年的省际面板数据，构建了生产性服务业对农业全要素生产率及其构成的计量模型，实证考察了生产性服务业发展对农业全要素生产率影响的效应、路径和空间异质性等问题。本章的主要结论如下：

第一，无论是生产性服务业集聚抑或生产性服务业规模增长，均显著地推动了农业全要素生产率水平的提升，且这种积极影响存在一定的"滞后效应"，已成为当前推动农业高质量发展的重要动力。

第二，生产性服务业集聚和增长主要通过推动农业技术进步来提升农业全要素生产率，对农业技术效率则产生了不同程度的抑制作用。从驱动力来看，生产性服务业规模增长对农业全要素生产率的积极影响明显强于生产性服务业集聚。

第三，生产性服务业发展对农业全要素生产率的影响具有显著的空间异质性，在农村固定资产投资强度较低、工业化程度较低、农村生产性基础设施水平较高的地区，生产性服务业集聚对农业全要素生产率的促进作用更为明显，而在农村固定资产投资强度较高、工业化程度较高、农村生产性基础设施水平较低的地区，生产性服务业规模增长对农业全要素生产率的积极影响越大。

本章从总体角度出发，为证实生产性服务业能成为新时代下中国农业全要素生产率提升的新动能提供了一定的经验证据。

第六章　生产性服务业对农业全要素生产率影响的结构效应分析

本书上一章总体探讨了生产性服务业支农的溢出效应、作用路径及空间差异特征。本章将在前文的基础上，进一步探讨生产性服务业内部结构对农业全要素生产率的影响情况，揭示可能存在的"结构效应"，旨在从产业集聚和产业增长的双维度回答不同生产性服务业对农业全要素生产率的异质性影响特征，以期为通过生产性服务业内部结构优化来进一步提升农业全要素生产率寻找证据。

6.1　计量模型与变量设定

6.1.1　计量模型构建

为了科学评估生产性服务业影响农业全要素生产率的"结构效应"特征，本章基于产业增长角度构建的计量模型如下：

$$tfpch_{it} = C + \theta_j psc_{it} + \delta_1 envi_{it} + \delta_2 \sup_{it} + \delta_3 lanu_{it} + \delta_4 fars_{it} + \lambda_i + \varepsilon_{it}$$

（式6-1）

式6-1中，$tfpch_{it}$ 衡量 i 省份 t 时期的农业全要素生产率水平，psc_{it} 表示 i 省份 t 时期的细分生产性服务业规模增长水平，θ_j 为农业领域的生产性服务业细分产业增长的影响系数，j 为各细分产业的编号。C 为截距项，λ_i 是不可观测的地区效应，ε_{it} 为随机扰动项。控制变量包括财政支农力度（sup_{it}）、自然环境（$envi_{it}$）、土地利用能力（$lanu_{it}$）和农户经营规模（$fars_{it}$）等因素，$\delta_2 \sim \delta_5$ 均表示控制变量的估计系数。

其中，批发零售业增长对农业全要素生产率影响的计量模型为

$$tfpch_{it} = C + \theta_1 psc_{1it} + \delta_{11}envi_{1it} + \delta_{21}sup_{1it} + \delta_{31}lanu_{1it} + \delta_{41}fars_{1it} + \lambda_i + \varepsilon_{it}$$

（式 6 - 2）

交通运输、仓储和邮政业增长对农业全要素生产率影响的计量模型为

$$tfpch_{it} = C + \theta_2 psc_{2it} + \delta_{12}envi_{2it} + \delta_{22}sup_{2it} + \delta_{32}lanu_{2it} + \delta_{42}fars_{2it} + \lambda_i + \varepsilon_{it}$$

（式 6 - 3）

住宿和餐饮业增长影响农业全要素生产率的计量模型为

$$tfpch_{it} = C + \theta_3 psc_{3it} + \delta_{13}envi_{3it} + \delta_{23}sup_{3it} + \delta_{33}lanu_{3it} + \delta_{43}fars_{3it} + \lambda_i + \varepsilon_{it}$$

（式 6 - 4）

水利、环境和公共设施管理业增长对农业全要素生产率影响的计量模型为

$$tfpch_{it} = C + \theta_4 psc_{4it} + \delta_{14}envi_{4it} + \delta_{24}sup_{4it} + \delta_{34}lanu_{4it} + \delta_{44}fars_{4it} + \lambda_i + \varepsilon_{it}$$

（式 6 - 5）

计算机服务和软件业增长影响农业全要素生产率的计量模型为

$$tfpch_{it} = C + \theta_5 psc_{5it} + \delta_{15}envi_{5it} + \delta_{25}sup_{5it} + \delta_{35}lanu_{5it} + \delta_{45}fars_{5it} + \lambda_i + \varepsilon_{it}$$

（式 6 - 6）

科学研究、技术服务业和地质勘查业增长对农业全要素生产率影响的计量模型为

$$tfpch_{it} = C + \theta_6 psc_{6it} + \delta_{16}envi_{6it} + \delta_{26}sup_{6it} + \delta_{36}lanu_{6it} + \delta_{46}fars_{6it} + \lambda_i + \varepsilon_{it}$$

（式 6 - 7）

金融业增长对农业全要素生产率影响的计量模型为

$$tfpch_{it} = C + \theta_7 psc_{7it} + \delta_{17} envi_{7it} + \delta_{27} sup_{7it} + \delta_{37} lanu_{7it} + \delta_{47} fars_{7it} + \lambda_i + \varepsilon_{it}$$

（式6-8）

租赁和商务服务业增长对农业全要素生产率影响的计量模型为

$$tfpch_{it} = C + \theta_8 psc_{8it} + \delta_{18} envi_{8it} + \delta_{28} sup_{8it} + \delta_{38} lanu_{8it} + \delta_{48} fars_{8it} + \lambda_i + \varepsilon_{it}$$

（式6-9）

式6-2至式6-9中，psc_1用来表示批发零售业增长变量，psc_2用来代表交通运输、仓储和邮政业的增长变量，psc_3用来衡量住宿和餐饮业增长变量，psc_4用来表示水利、环境和公共设施管理业增长变量，psc_5用来体现计算机服务和软件业增长变量，psc_6用来刻画科学研究、技术服务业和地质勘查业增长变量，psc_7用来体现金融业增长变量，psc_8用来反映租赁和商务服务业增长变量。

基于产业集聚角度构建的计量模型如下：

$$tfpch_{it} = C + \pi_k psa_{it} + \beta_1 envi_{it} + \beta_2 sup_{it} + \beta_3 lanu_{it} + \beta_4 fars_{it} + \lambda_i + \varepsilon_{it}$$

（式6-10）

式6-10中，psa_{it}表示i省份t时期的生产性服务业细分行业的集聚水平，β_k依次表示psa_1批发零售业，psa_2交通运输、仓储和邮政业，psa_3住宿和餐饮业，psa_4水利、环境和公共设施管理业，psa_5计算机服务和软件业，psa_6科学研究、技术服务业和地质勘查业，psa_7金融业，psa_8租赁和商务服务业等农业领域的生产性服务业细分产业集聚的影响系数，反映了生产性服务业细分产业集聚对农业全要素生产率影响的方向及程度。其他变量定义同式6-10。

其中，批发零售业集聚对农业全要素生产率影响的计量模型为

$$tfpch_{it} = C + \pi_1 psa_{1it} + \beta_{11} envi_{1it} + \beta_{21} sup_{1it} + \beta_{31} lanu_{1it} + \beta_{41} fars_{1it} + \lambda_i + \varepsilon_{it}$$

（式 6 - 11）

交通运输、仓储和邮政业集聚对农业全要素生产率影响的计量模型为

$$tfpch_{it} = C + \pi_2 psa_{2it} + \beta_{12} envi_{2it} + \beta_{22} sup_{2it} + \beta_{32} lanu_{2it} + \beta_{42} fars_{2it} + \lambda_i + \varepsilon_{it}$$

（式 6 - 12）

住宿和餐饮业集聚影响农业全要素生产率的计量模型为

$$tfpch_{it} = C + \pi_3 psa_{3it} + \beta_{13} envi_{3it} + \beta_{23} sup_{3it} + \beta_{33} lanu_{3it} + \beta_{43} fars_{3it} + \lambda_i + \varepsilon_{it}$$

（式 6 - 13）

水利、环境和公共设施管理业集聚对农业全要素生产率影响的计量模型为

$$tfpch_{it} = C + \pi_4 psa_{4it} + \beta_{14} envi_{4it} + \beta_{24} sup_{4it} + \beta_{34} lanu_{4it} + \beta_{44} fars_{4it} + \lambda_i + \varepsilon_{it}$$

（式 6 - 14）

计算机服务和软件业集聚影响农业全要素生产率的计量模型为

$$tfpch_{it} = C + \pi_5 psa_{5it} + \beta_{15} envi_{5it} + \beta_{25} sup_{5it} + \beta_{35} lanu_{5it} + \beta_{45} fars_{5it} + \lambda_i + \varepsilon_{it}$$

（式 6 - 15）

科学研究、技术服务业和地质勘查业集聚对农业全要素生产率影响的计量模型为

$$tfpch_{it} = C + \pi_6 psa_{6it} + \beta_{16} envi_{6it} + \beta_{26} sup_{6it} + \beta_{36} lanu_{6it} + \beta_{46} fars_{6it} + \lambda_i + \varepsilon_{it}$$

（式 6 - 16）

金融业集聚对农业全要素生产率影响的计量模型为

$$tfpch_{it} = C + \pi_7 psa_{7it} + \beta_{17} envi_{7it} + \beta_{27} sup_{7it} + \beta_{37} lanu_{7it} + \beta_{47} fars_{7it} + \lambda_i + \varepsilon_{it}$$

（式 6 - 17）

租赁和商务服务业集聚对农业全要素生产率影响的计量模型为

$$tfpch_{it} = C + \pi_8 psa_{8it} + \beta_{18} envi_{8it} + \beta_{28} sup_{8it} + \beta_{38} lanu_{8it} + \beta_{48} fars_{8it} + \lambda_i + \varepsilon_{it}$$

$$（式6-18）$$

式6-11至式6-18中，psa_1用来表示批发零售业集聚变量，psa_2用来体现交通运输、仓储和邮政业集聚变量，psa_3用来刻画住宿和餐饮业集聚变量，psa_4用来反映水利、环境和公共设施管理业集聚变量，psa_5用来表示计算机服务和软件业集聚变量，psa_6用来体现科学研究、技术服务业和地质勘查业集聚变量，psa_7用来衡量金融业集聚变量，psa_8用来反映租赁和商务服务业集聚变量。

6.1.2　数据与变量说明

（1）被解释变量。农业全要素生产率（$tfpch$）是本章的被解释变量，这里直接采用第四章经变换处理后的指标数据，此处不再赘述。

（2）核心解释变量：生产性服务业增长。对于生产性服务业细分产业增长（psc_j）指标的设定，这里引用第三章的测算结果。采用psc_j分别表示：psc_1批发零售业，psc_2交通运输、仓储和邮政业，psc_3住宿和餐饮业，psc_4水利、环境和公共设施管理业，psc_5计算机服务和软件业，psc_6科学研究、技术服务业和地质勘查业，psc_7金融业，psc_8租赁和商务服务业等。psc_j数值越大，表明相应的生产性服务业增长水平越高，反之则越低。对于生产性服务业细分产业集聚（psa_i）指标的度量，这里同样引用第三章的测算结果。采用psa_i表示i生产性服务业细分产业的集聚水平，依次为：psa_1批发零售业，psa_2交通运输、仓储和邮政业，psa_3住宿和餐饮业，psa_4水利、环境和公共设施管理业，psa_5计算机服务和软件业，psa_6科学研究、技术服务业和地质勘查业，psa_7金融业，psa_8租赁和商务服务业等。当psa_{ij}指标大于1时，生产性服务业细分产业在省份j的专业化程度越高，则该省份的生产性服务业细分产业在就业中的占有份额高于生产性服务业细分产业在整个经济中的占有份额，即该生产性服务业细分产业集聚程度越高，反之则越低。

生产性服务业细分产业增长和产业集聚水平测算结果的描述性统计如下。

表6-1　生产性服务业细分产业增长与集聚水平描述性统计

变量	极小值	极大值	均值	标准差
psc1	0.381	4.633	2.776	0.864
psc2	1.032	4.447	2.939	0.701
psc3	−0.967	3.672	1.651	0.901
psc4	−0.274	2.907	1.829	0.628
psc5	−0.680	4.237	1.519	0.912
psc6	0.089	4.234	2.035	0.745
psc7	0.338	3.947	2.500	0.770
psc8	−0.714	4.383	1.835	0.981
psa1	0.531	2.639	0.976	0.331
psa2	0.354	21.273	2.935	3.709
psa3	0.340	4.084	1.006	0.647
psa4	0.491	2.165	1.124	0.345
psa5	0.429	5.024	0.964	0.653
psa6	0.448	3.764	1.071	0.564
psa7	0.630	1.846	1.014	0.216
psa8	0.354	5.095	0.940	0.789

由表6-1的描述性统计结果可知，农业领域的交通运输、仓储和邮政业，批发零售业，金融业等生产性细分产业具有较高的产业增长规模；而交通运输、仓储和邮政业则具有较高的产业集聚水平；批发零售业，计算机服务和软件业，租赁和商务服务业的集聚水平则并不高。

（3）控制变量。为了尽可能得到无偏的估计结果，这里还控制了以下变量。①自然环境（*envi*），采用各省份受灾面积与农作物播种总面积的比值来衡量自然环境，该指标值越大表明自然环境恶化程度越高；②财政支农力度（*sup*），采用各省份财政农业支出在财政总支出中的占比来表示财政支农力度，该指标值越大表明政府财政支农力度越高；③土地利用能力（*lanu*），选用各省份有效灌溉面积与耕地总面积的比值来表示，该指标值越大说明土地利用能力越高；④农户经营规模（*fars*），选取农业从业人员人均农作物播种面积（单位：公顷）来表示，该指标值越大表明农户经营规模越大。

6.1.3　数据说明与描述统计

本章选取中国 30 省份 2003—2016 年的平衡面板数据，由于西藏、港澳台地区数据缺失较多，故从研究样本中剔除，研究涉及的所有基础数据来源于《中国农村统计年鉴》《中国统计年鉴》《中国工业经济统计年鉴》等统计资料。生产性服务业细分产业增长与农业全要素生产率的关系如图 6-1 所示。

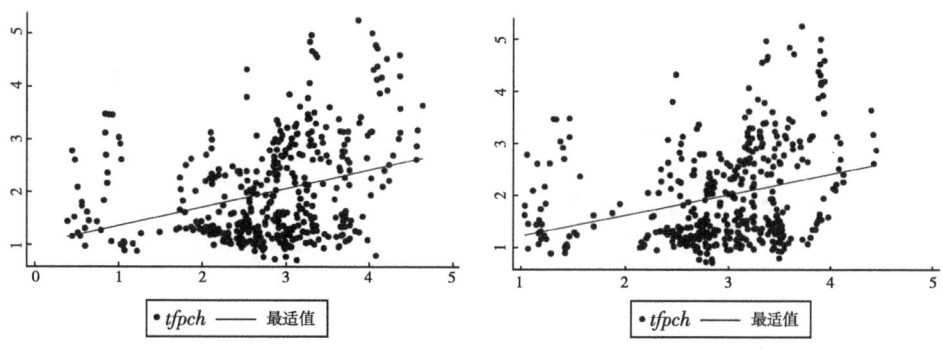

a. 批发零售业散点图　　　　　　　b. 交通运输、仓储和邮政业散点图

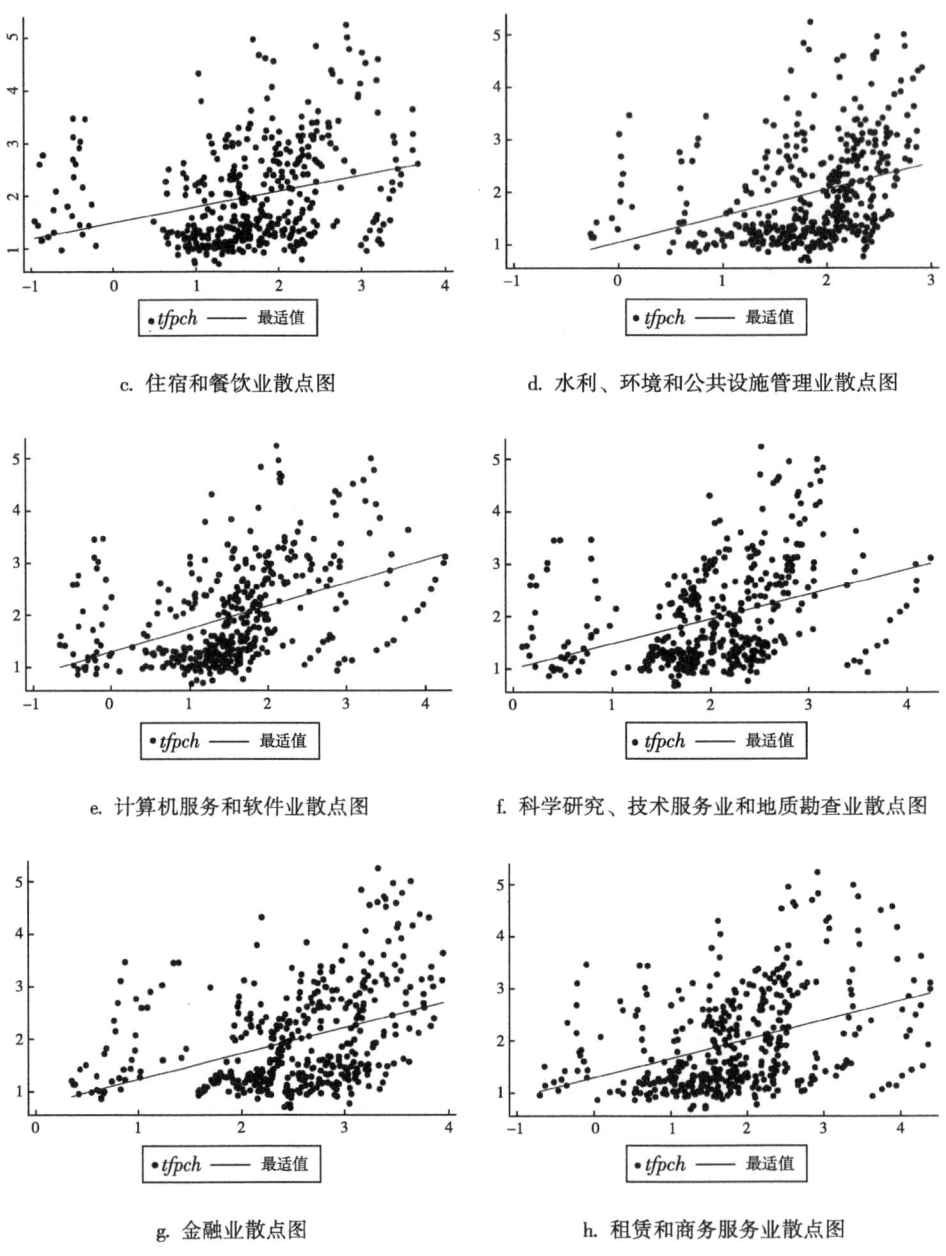

c. 住宿和餐饮业散点图

d. 水利、环境和公共设施管理业散点图

e. 计算机服务和软件业散点图

f. 科学研究、技术服务业和地质勘查业散点图

g. 金融业散点图

h. 租赁和商务服务业散点图

图6-1 生产性服务业细分产业增长与农业全要素生产率关系

图6-1反映了生产性服务业细分产业增长（*psc*）与农业全要素生产率（*tfpch*）之间的关系，横轴表示各生产性服务业的增

长水平，纵轴表示农业全要素生产率水平。从中我们可以较为直观地发现，所有生产性服务业增长和农业全要素生产率的样本点比较集中，二者总体上存在较为明显的正相关关系，即随着生产性服务业细分产业增长水平的提高，中国农业全要素生产率呈现提升趋势。但在不同产业中，样本点分布存在明显差异，表明生产性服务业与农业全要素生产率之间的关系可能存在一定"结构差异"。

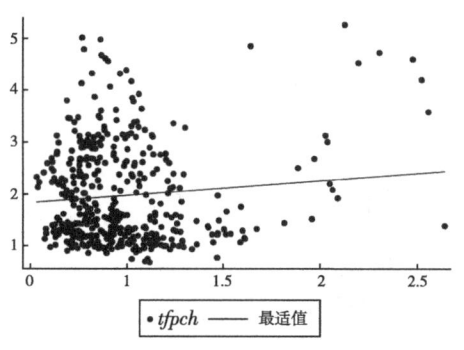

a. 批发零售业散点图

b. 交通运输、仓储和邮政业散点图

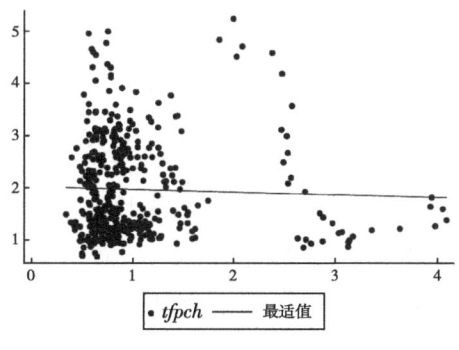

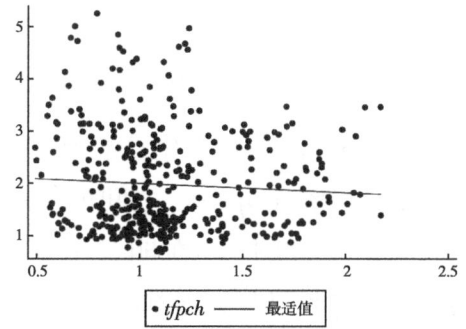

c. 住宿和餐饮业散点图

d. 水利、环境和公共设施管理业散点图

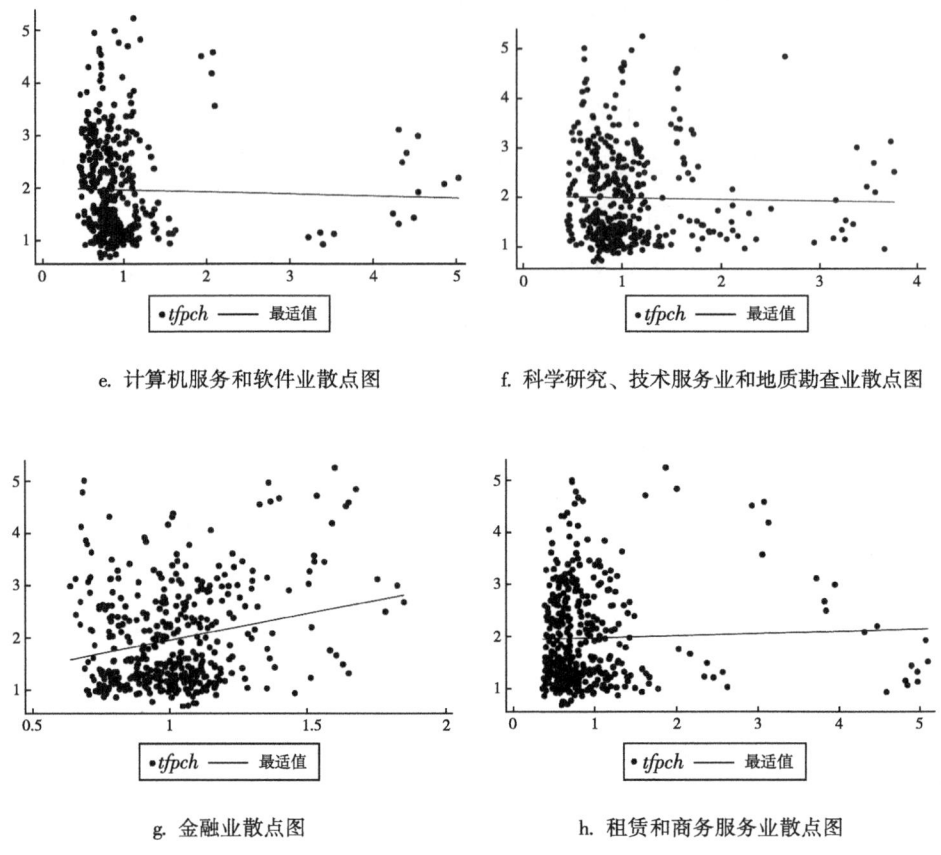

e. 计算机服务和软件业散点图   f. 科学研究、技术服务业和地质勘查业散点图

g. 金融业散点图   h. 租赁和商务服务业散点图

图6-2　生产性服务业细分产业集聚与农业全要素生产率关系

图6-2反映了生产性服务业细分产业集聚（*psa*）与农业全要素生产率（*tfpch*）之间的关系，图中的样本点更为集中，但二者之间的关联性存在明显差异。表现为：批发零售业、金融业、租赁和商务服务业等细分产业集聚与农业全要素生产率的正向关联明显，而交通运输、仓储和邮政业等细分产业于农业全要素生产率的这种关联特征并不明显，对于具体情况，本章将在下文通过计量手段做进一步探讨。

6.2　结构效应检验及分析

6.2.1　模型与数据可靠性检验

为了避免计量检验中可能出现的"伪回归"现象，在实证分析前，本章进行了面板协整检验，以分别验证不同生产性服务业增长和集聚与农业全要素生产率之间是否存在长期稳定的均衡关联。关于面板数据的协整检验，目前共有三种方法，分别是 Kao 检验、Johansen 检验。本章拟采用前两种方法进行协整检验。这里首先采用 Johansen 检验不同生产性服务业增长与农业全要素生产率之间是否存在协整关系，检验结果见表 6 - 2。

表 6 - 2　生产性服务业增长与农业全要素生产率之间的 **Johansen** 检验结果

核心变量	原假设	Fisher 统计量	P 值	Fisher 极大特征值统计量	P 值
psc1	None	152.2	0.0000	137.7	0.0000
	At most 1	96.06	0.0022	96.06	0.0022
psc2	None	159.8	0.0000	150.8	0.0000
	At most 1	83.18	0.0255	83.18	0.0255
psc3	None	115.6	0.0000	107.7	0.0002
	At most 1	75.73	0.0828	75.73	0.0828
psc4	None	153.5	0.0000	136.6	0.0000
	At most 1	94.32	0.0031	94.32	0.0031
psc5	None	118.9	0.0000	102.5	0.0005
	At most 1	88.01	0.0107	88.01	0.0107
psc6	None	213.2	0.0000	217.2	0.0000
	At most 1	64.20	0.0318	64.20	0.0318
psc7	None	136.1	0.0000	117.3	0.0000
	At most 1	99.96	0.0009	99.96	0.0009
psc8	None	129.0	0.0000	117.0	0.0000
	At most 1	81.97	0.0313	81.97	0.0313

由表6-2可知，不同生产性服务业细分产业增长与农业全要素生产率之间在5%显著水平下存在协整关联，即二者之间存在长期稳定的均衡关系。该结果也进一步说明了本书构建模型的合理性。

接着基于采用 Kao 基于残差的 ADF 协整检验技术对不同生产性服务业集聚与农业全要素生产率之间的协整关系进行检验，检验结果见表6-3。

表6-3　生产性服务业集聚与农业全要素生产率之间的 Kao 检验结果

协整关系	t 统计量	P 值
$tfpch$ 与 psa_1	2.4008	0.0082
$tfpch$ 与 psa_2	2.3525	0.0093
$tfpch$ 与 psa_3	2.4599	0.0069
$tfpch$ 与 psa_4	1.9277	0.0269
$tfpch$ 与 psa_5	2.2172	0.0133
$tfpch$ 与 psa_6	2.4848	0.0065
$tfpch$ 与 psa_7	2.2542	0.0121
$tfpch$ 与 psa_8	2.3508	0.0094

基于表6-3的 Kao 基于残差的 ADF 协整技术检验发现，不同生产性服务业细分产业集聚与农业全要素生产率之间同样在5%显著水平下存在协整关联，即 psa_1 批发零售业，psa_2 交通运输、仓储和邮政业，psa_3 住宿和餐饮业，psa_4 水利、环境和公共设施管理业，psa_5 计算机服务和软件业，psa_6 科学研究、技术服务业和地质勘查业，psa_7 金融业，psa_8 租赁和商务服务业均与农业全要素生产率之间存在长期稳定的均衡关联。这也证实了前文设置的生产性服务业细分产业集聚影响农业全要素生产率的面板计量模型是合理的。

6.2.2　生产性服务业增长支农的"结构效应"分析

经 Hausman 检验，本章选用固定效应模型进行估计。模型 1 至模型 8 依次为 $psc1$ 批发零售业增长，$psc2$ 交通运输、仓储和邮政业增长，$psc3$ 住宿和餐饮业增长，$psc4$ 水利、环境和公共设施管理业增长，$psc5$ 计算机服务和软件业增长，$psc6$ 科学研究、技术服务业和地质勘查业增长，$psc7$ 金融业增长，$psc8$ 租赁和商务服务业增长等对农业全要素生产率的影响情况。具体估计结果见表 6 - 4。

由表 6 - 4 的估计结果可知，模型 1 至模型 8 的拟合程度均较好，具有较高的解释力度。模型 1 中 $psc1$ 系数为正且在 1% 显著性水平下通过了检验，表明批发零售业的快速增长对农业全要素生产率产生了显著的积极影响。模型 2 中 $psc2$ 的影响系数显著为正，说明交通运输、仓储和邮政业的规模提升显著促进了农业全要素生产率。模型 3 中 $psc3$ 的影响系数为正且显著，表明了住宿和餐饮业的增长对农业全要素生产率具有积极影响。模型 4 中 $psc4$ 的估计系数为正且通过 1% 的显著性检验，反映出水利、环境和公共设施管理业的规模提升，也会明显驱动农业全要素生产率水平提升。模型 5 中生产性服务业变量系数通过了 1% 的显著性水平检验且为正，即计算机服务和软件业对农业全要素生产率产生了积极影响。模型 6 中 $psc6$ 的变量系数通过了 1% 的显著性检验，且系数为正，表明科学研究、技术服务业和地质勘查业增长显著改善了农业全要素生产率。模型 7 中 $psc7$ 的作用系数为正且显著，预示着农业领域金融业的快速发展显著有利于提升农业全要素生产率。模型 8 中 $psc8$ 的估计系数也显著为正，说明租赁和商务服务业的快速发展能显著提升农业的全要素生产率。本章从产业结构的角度，再次印证了生产性服务业对农业全要素生产率具有积极影响的结论，证实了农业领域的生产性服务业正向溢出效应。

从不同产业的作用效果度来看，生产性服务业增长对农业全要素生产率的影响存在异质"结构效应"，表现为促进强度从大到小依次为：水利、环境和公共设施管理业 > 金融业 > 交通运输、仓储和邮政业 > 科学研究、技术服务业和地质勘查业 > 住宿和餐

饮业 > 计算机服务和软件业 > 批发零售业 > 租赁和商务服务业。不难发现，水利、环境和公共设施管理业、金融业以及交通运输、仓储和邮政业对农业全要素生产率的积极影响最为明显，而批发零售业、租赁和商务服务业对农业全要素生产率促进效应则相对较低。从各模型控制变量的估计结果来看，自然环境对全要素生产率产生了显著负面影响，财政支农力度、土地利用能力和农户经营规模则均对农业全要素生产率产生了积极影响，这一结论与第四章控制变量的研究结论是一致的，也在一定程度上佐证了本书结论的可靠性。

表 6 – 4 基于产业增长维度的估计结果

变量	模型 1	模型 2	模型 3	模型 4	模型 5	模型 6	模型 7	模型 8
C	– 2. 915 *** (– 8. 059)	– 6. 005 *** (– 10. 786)	– 1. 613 *** (– 6. 536)	– 4. 033 *** (– 13. 731)	– 0. 951 *** (– 5. 861)	– 3. 337 *** (– 13. 919)	– 5. 423 *** (– 17. 666)	– 1. 311 *** (– 6. 122)
$psc1$	1. 427 *** (11. 991)							
$psc2$		2. 453 *** (12. 915)						
$psc3$			1. 745 *** (14. 219)					
$psc4$				2. 925 *** (19. 443)				
$psc5$					1. 581 *** (23. 252)			
$psc6$						2. 436 *** (21. 901)		
$psc7$							2. 869 *** (22. 910)	
$psc8$								1. 349 *** (16. 333)
$envi$	– 1. 478 *** (– 5. 935)	– 1. 585 *** (– 6. 551)	– 1. 184 *** (– 4. 939)	– 0. 685 *** (– 3. 184)	– 0. 840 *** (– 4. 379)	– 0. 771 *** (– 3. 859)	– 0. 851 *** (– 4. 397)	– 1. 018 *** (– 4. 445)

续表

变量	模型 1	模型 2	模型 3	模型 4	模型 5	模型 6	模型 7	模型 8
sup	2.656***	2.074***	2.664***	1.142***	1.488***	1.541***	0.522	1.392***
	(6.272)	(4.936)	(6.635)	(3.128)	(4.561)	(4.569)	(1.532)	(3.537)
Lanu	0.708***	0.615**	0.373	0.311	0.040	−0.224	−0.078	0.605**
	(2.679)	(2.369)	(1.465)	(1.4004)	(0.198)	(−1.047)	(−0.379)	(2.539)
fars	0.861***	0.831***	0.698***	0.744***	0.749***	0.674***	0.575***	0.814***
	(5.069)	(4.993)	(4.299)	(5.255)	(5.832)	(5.059)	(4.403)	(5.319)
A − R^2	0.604	0.621	0.643	0.726	0.774	0.711	0.769	0.678
F 值	19.796	21.149	23.233	33.582	77.444	39.562	42.223	27.034

注：*、**和***分别表示在10%、5%和1%的水平上显著。

6.2.3　生产性服务业集聚支农的"结构效应"分析

为了进一步阐释生产性服务业对农业全要素生产率影响的"结构效应"及其异质性特征，这里采用固定效应模型进一步探讨农业领域不同生产性服务业集聚对农业全要素生产率的影响，模型 1 至模型 8 分别展示了 psa_1 批发零售业集聚，$psac2$ 交通运输、仓储和邮政业集聚，psa_3 住宿和餐饮业集聚，psa_4 水利、环境和公共设施管理业集聚，psa_5 计算机服务和软件业集聚，psa_6 科学研究、技术服务业和地质勘查业集聚，psa_7 金融业集聚，psa_8 租赁和商务服务业集聚对农业全要素生产率的影响效应。表 6 - 5 列出了具体的估计结果。

由表 6 - 5 的估计结果可知，不同生产性服务业集聚均对农业全要素生产率产生了积极影响，但也存在一定的内部"结构差异"，具体表现在：一是模型 1、模型 3、模型 5 和模型 6 中，psa 变量系数均为正，但并不显著，表明新时代下批发零售业，住宿和餐饮业，计算机服务和软件业，科学研究、技术服务业和地质勘查业等细分产业集聚对农业全要素生产率的积极影响并不明显；二是模型 2 和模型 8 中 psa 变量系数均为负，虽不显著，但也说明了交通运输、仓储和邮政业，租赁和商务服务业等细分产业集聚对农业全要素生产率具有一定的负面影响，推动这两个领域的产业集聚对农业全要素生产率改善是不利的；三是模型4和模型7的 psa 变量系数均为正，且通过1%的显著性检验，表明相应地水利、环境和公共设施管理业，金融业集聚对农业全要素生产率提升是大有裨益的。结合第四章的研究，我们可以得出生产性服务业集聚总体上有利于农业全要素生产率改善，但从内部结构来看，主要贡献体现在水利、环境和公共设施管理业，金融业两大领域。

表6-5 基于产业集聚维度的估计结果

变量	模型1	模型2	模型3	模型4	模型5	模型6	模型7	模型8
C	0.514* (1.680)	0.815*** (2.804)	0.549* (1.803)	-0.147 (-0.361)	0.424 (1.377)	0.706* (1.944)	-0.107 (-0.289)	0.890*** (2.912)
psa_1	0.263 (1.204)							
psa_2		-0.014 (-0.265)						
psa_3			0.216 (1.046)					
psa_4				0.745*** (2.675)				
psa_5					0.311 (1.614)			
psa_6						0.052 (0.210)		
psa_7							0.848*** (2.945)	
psa_8								-0.111 (-0.594)
$envi$	-2.069*** (-7.240)	-2.058*** (-7.190)	-2.037*** (-7.111)	-1.925*** (-6.688)	-2.081*** (-7.288)	-2.057*** (-7.187)	-2.039*** (-7.201)	-2.074*** (-7.219)
sup	3.095*** (6.257)	3.090*** (6.089)	3.047*** (6.168)	2.675*** (5.237)	3.132*** (6.326)	3.063*** (6.189)	2.900*** (5.892)	3.064*** (6.196)

续表

变量	模型 1	模型 2	模型 3	模型 4	模型 5	模型 6	模型 7	模型 8
Lanu	1.129***	1.142**	1.133***	1.188***	1.111***	1.145***	1.155***	1.136***
	(3.679)	(3.699)	(3.690)	(3.904)	(3.619)	(3.715)	(3.807)	(3.691)
fars	1.063***	1.046***	1.061***	1.148***	1.138***	1.063***	1.088***	1.044***
	(5.374)	(5.209)	(5.363)	(5.759)	(5.579)	(5.259)	(5.548)	(5.252)
A – R²	0.458	0.456	0.458	0.466	0.459	0.456	0.468	0.457
F 值	11.419	11.338	11.399	11.755	11.488	11.336	11.844	11.355

注：*、**和***分别表示在10%、5%和1%的水平上显著。

从作用强度上来看，仅水利、环境和公共设施管理业，金融业两个生产性服务业细分产业对农业全要素生产率具有积极影响，且后者的积极作用强于前者，即生产性服务业与农业的深度融合要尤其重视促进金融业，水利、环境和公共设施管理业的集聚水平。同时，在提升交通运输、仓储和邮政业，租赁和商务服务业规模的同时，也要规避其对全要素生产率的消极影响。

6.3　稳健性检验及内生性处理

为了确保前文估计结果的可靠性，本书除了采用加入控制变量、虚拟变量，采用不同估计方法等手段外，这里借鉴肖文（2011）、郭家堂和骆品亮（2016）的做法，采用核心解释变量滞后一期的做法，在内生性处理的同时进一步增强研究结论的可靠性，并对细分生产性服务业支农是否存在滞后效应进行考察。基于产业增长维度的估计结果见表6－6。

表6－6　基于产业增长维度的稳健性检验及滞后效应考察结果

变量	模型 1	模型 2	模型 3	模型 4	模型 5	模型 6	模型 7	模型 8
C	−2.248***	−5.243***	−1.415***	−3.980***	−0.902***	−3.267***	−5.893***	−1.159***
	(−5.618)	(−8.265)	(−5.573)	(−12.784)	(−5.007)	(−12.785)	(−17.725)	(−4.886)

续表

变量	模型1	模型2	模型3	模型4	模型5	模型6	模型7	模型8
$psc1_{-1}$	1.207*** (9.178)							
$psc2_{-1}$		2.212*** (10.203)						
$psc3_{-1}$			1.738*** (13.538)					
$psc4_{-1}$				2.943*** (18.468)				
$psc5_{-1}$					1.585*** (20.436)			
$psc6_{-1}$						2.454*** (20.583)		
$psc7_{-1}$							3.108*** (22.771)	
$psc8_{-1}$								1.304*** (13.967)
$envi$	−1.551*** (−5.628)	−1.646*** (−6.160)	−1.199*** (−4.760)	−0.729*** (−3.226)	−0.790*** (−3.712)	−0.892*** (−4.237)	−0.757*** (−3.792)	−1.020*** (−4.043)
sup	2.491*** (5.525)	1.894*** (4.215)	2.240*** (5.487)	0.886** (2.379)	1.361*** (3.929)	1.246*** (3.598)	0.758*** (2.288)	1.327*** (3.191)
$Lanu$	0.756*** (2.686)	0.646** (2.336)	0.274 (1.058)	0.383* (1.701)	0.103 (0.477)	0.021 (0.098)	0.066 (0.326)	0.602** (2.391)
$fars$	0.887*** (4.741)	0.886*** (4.847)	0.681*** (4.000)	0.778*** (5.236)	0.790*** (5.607)	0.632*** (4.475)	0.529*** (3.952)	0.867*** (5.199)
$A-R^2$	0.555	0.574	0.637	0.719	0.747	0.749	0.776	0.644
F值	15.284	16.447	21.085	30.327	34.811	35.163	40.718	21.776

注：*、**和***分别表示在10%、5%和1%的水平上显著。

由表6-6的估计结果可知，批发零售业，交通运输、仓储和邮政业，住宿和餐饮业等生产性服务业细分产业增长变量的系数均为正，且都通过了1%的显著性水平检验，表明不同生产性服务业细分产业增长对农业全要素生产率的积极影响是显著的，且滞后一期的系数仍显著也说明生产性服务业支农溢出存在明显的

"滞后效应"。同时，核心解释变量和控制变量与表6－4中的结果均较为一致，说明模型的"内生性"问题并不明显，也在一定程度上说明了前文基于产业增长维度实证的基本结论是稳健的。

　　基于产业集聚角度的稳健性估计结果见表6－7。由表6－7可知，不同生产性服务业集聚均对农业全要素生产率产生了积极影响的"结构差异"现象仍然是存在的，表现为交通运输、仓储和邮政业，批发零售业，租赁和商务服务业，住宿和餐饮业，计算机服务和软件业，科学研究、技术服务业和地质勘查业等细分产业集聚在滞后一期的情形下，对农业全要素生产率的积极影响仍不明显。水利、环境和公共设施管理业、金融业集聚水平在滞后一期时，对农业全要素生产率仍有显著的积极影响。这既表明只有部分细分产业存在集聚的支农溢出效应，也表明了上文发现的结论是稳健的，而核心变量的估计系数方向和大小与表6－5相比差距并不大，也说明了本章研究的内生性问题并不明显。

表6－7　基于产业集聚维度的稳健性检验及滞后效应考察

变量	模型1	模型2	模型3	模型4	模型5	模型6	模型7	模型8
C	0.713** (2.236)	1.037*** (3.319)	0.732** (2.322)	−0.152 (−0.345)	0.581* (1.747)	0.491 (1.298)	−0.022 (−0.055)	1.238*** (3.829)
$psa1_{-1}$	0.178 (0.781)							
$psa2_{-1}$		−0.041 (−0.732)						
$psa3_{-1}$			0.157 (0.712)					
$psa4_{-1}$				0.825*** (2.746)				
$psa5_{-1}$					0.259 (1.267)			
$psa6_{-1}$						0.335 (1.311)		

续表

变量	模型1	模型2	模型3	模型4	模型5	模型6	模型7	模型8
$psa7_{-1}$							0.864*** (2.672)	
$psa8_{-1}$								-0.313 (-1.570)
$envi$	-2.037*** (-6.771)	-2.027*** (-6.740)	-2.018*** (-6.702)	-1.884*** (-6.226)	-2.031*** (-6.763)	-2.024*** (-6.740)	-2.013*** (-6.753)	-2.086*** (-6.906)
sup	2.887*** (5.769)	2.953*** (5.726)	2.841*** (5.684)	2.488*** (4.856)	2.919*** (5.830)	2.870*** (5.758)	2.667*** (5.336)	2.873*** (5.770)
$Lanu$	1.008*** (3.232)	0.996*** (3.176)	1.004*** (3.214)	1.106*** (3.573)	1.005*** (3.229)	1.026*** (3.301)	1.062*** (3.440)	0.984*** (3.159)
$fars$	1.058*** (5.112)	1.016*** (4.769)	1.058*** (5.111)	1.162*** (5.568)	1.127*** (5.251)	1.092*** (5.234)	1.096*** (5.329)	1.018*** (4.902)
$A-R^2$	0.450	0.451	0.450	0.461	0.452	0.452	0.460	0.453
F值	10.385	10.381	10.379	10.792	10.444	10.450	10.768	10.494

注：*、**和***分别表示在10%、5%和1%的水平上显著。

上文分析发现，大多数生产性服务业细分产业集聚不存在滞后效应，为了揭示是否存在滞后特征，这里进一步考察滞后两期情形下的产业集聚支农溢出效应，具体估计结果见表6-8。由估计结果可知，批发零售业，交通运输、仓储和邮政业，住宿和餐饮业，计算机服务和软件业集聚的滞后效应仍不明显。水利、环境和公共设施管理业，金融业集聚的滞后效应仍然显著。在滞后两期的情形下，科学研究、技术服务业和地质勘查业集聚则对农业全要素生产率产生了显著的积极影响，而租赁和商务服务业集聚则对农业全要素生产率产生了明显的抑制影响。

表6-8 基于产业集聚维度滞后两期的估计结果

变量	模型1	模型2	模型3	模型4	模型5	模型6	模型7	模型8
C	1.122*** (3.325)	1.439*** (4.239)	1.037*** (3.184)	0.248 (0.496)	0.778** (2.152)	0.280 (0.678)	0.345 (0.735)	1.650*** (5.044)

续表

变量	模型 1	模型 2	模型 3	模型 4	模型 5	模型 6	模型 7	模型 8
$psa1_{-2}$	0.042 (0.176)							
$psa2_{-2}$		−0.070 (−1.160)						
$psa3_{-2}$			0.139 (0.585)					
$psa4_{-2}$				0.697*** (2.096)				
$psa5_{-2}$					0.312 (1.436)			
$psa6_{-2}$						0.697*** (2.628)		
$psa7_{-2}$							0.774** (2.029)	
$psa8_{-2}$								−0.463** (−2.205)
$envi$	−2.110*** (−6.918)	−2.112*** (−6.938)	−2.108*** (−6.914)	−1.959*** (−6.289)	−2.133*** (−7.006)	−2.133*** (−7.065)	−2.101*** (−6.932)	−2.140*** (−7.061)
sup	2.755*** (5.552)	2.896*** (5.676)	2.732*** (5.508)	2.427*** (4.707)	2.781*** (5.625)	2.714*** (5.533)	2.509*** (4.953)	2.795*** (5.679)
$Lanu$	0.751*** (2.385)	0.709** (2.239)	0.726** (2.284)	0.886*** (2.781)	0.774** (2.466)	0.927*** (2.914)	0.802** (2.557)	0.735** (2.354)
$fars$	0.979*** (4.530)	0.893*** (3.926)	0.982*** (4.548)	1.075*** (4.897)	1.074*** (4.763)	1.048*** (4.867)	1.030*** (4.765)	0.928*** (4.306)
$A-R^2$	0.464	0.466	0.465	0.471	0.467	0.475	0.470	0.472
F 值	10.145	10.225	10.164	10.410	10.268	10.562	10.393	10.438

注：*、**和***分别表示在10%、5%和1%的水平上显著。

6.4　本章小结

　　本章基于产业集聚和产业增长的双重视角，采用中国2003—2016年的省际面板数据，构建了生产性服务业影响农业全要素生产率"结构效应"的计量模型，实证考察了不同生产性服务业细分产业发展对农业全要素生产率的影响效应及内部异质性等问题。本章的主要结论如下：

第一，生产性服务业增长对农业全要素生产率产生了显著的积极影响，但在不同行业间存在显著的异质结构效应，即水利、环境和公共设施管理业，金融业，交通运输、仓储和邮政业＞科学研究、技术服务业等细分产业增长对农业全要素生产率的促进作用明显，而批发零售业、租赁和商务服务业增长则对农业全要素生产率积极影响相对有限。

第二，生产性服务业集聚对农业全要素生产率影响的异质"结构效应"显著，并不是所有生产性服务业细分产业集聚都有利于全要素生产率增长，仅水利、环境和公共设施管理业，金融业两个生产性服务业细分产业对农业全要素生产率具有积极影响，其他产业的积极影响并不明显；而交通运输、仓储和邮政业，租赁和商务服务业集聚甚至对全要素生产率产生了消极影响。

第三，不同生产性服务业增长对农业全要素生产率的影响均具有一定的"滞后效应"，支农的积极溢出效应依然存在。而不同生产性服务业集聚对农业全要素生产率的影响则具有异质作用特征，在滞后一期的情形下，仅水利、环境和公共设施管理业，金融业集聚对农业全要素生产率具有积极影响，而在滞后两期的情形下，不仅上述两个细分产业具有积极影响，科学研究、技术服务业和地质勘查业集聚也对农业全要素生产率产生了显著的积极影响，但租赁和商务服务业集聚则对农业全要素生产率产生了显著的负面影响。

本章从生产性服务业内部结构的另外一个角度，检验了生产性服务业发展对农业全要素生产率的"结构效应"及内部异质特征，这进一步为证实生产性服务业成为新时代下中国农业全要素生产率提升的新动能提供了一定的经验证据。

第七章　生产性服务业对农业全要素生产率影响的动态效应分析

前文分别基于"总量"和"结构"维度，分析了生产性服务业发展与农业全要素生产率之间的线性关联。研究表明，生产性服务业集聚和规模增长总体上促进了农业全要素生产率增长，该增长主要通过促进农业技术进步来实现，且不论是生产性服务业集聚抑或规模增长均对农业全要素生产率存在显著的"结构差异"影响。但若要系统揭示生产性服务业发展对农业全要素生产率的影响，还有一些无法规避的问题：生产性服务业发展对农业全要素生产率的影响规律和特征是什么，其又是如何影响农业全要素生产率的，存在何种约束机制。本章将进一步基于非线性视角，从集聚和规模两个角度揭示生产性服务业对农业全要素生产率影响的门槛特征及其约束机制。

7.1　计量模型与变量设定

7.1.1　计量模型构建

本章拟从非线性视角揭示生产性服务业发展对农业全要素生产率影响的特征、规律及其约束机制。在非线性方法的选择上，本章选取门槛模型进行探讨，该方法较为客观，能避免人为划分区间而造成的估计偏差以及错误。这里基于 Hansen（1999，

2000）的门槛模型，构建非线性计量模型；基于产业增长和产业集聚的双重维度，来检验生产性服务业发展与农业全要素生产率之间的非线性动态关联。首先以生产性服务业集聚作为门槛变量，构建非线性计量模型以揭示生产性服务业集聚支农效应的内在规律和门槛特征，具体构建的面板门槛数据模型如下：

$$tfpch_{it} = \mu_i + \alpha_1 psa_{it} \cdot I(psa_{it} \leq \gamma_1) + \alpha_2 psa_{it} \cdot I$$
$$(psa_{it} > \gamma_1) + \cdots + \alpha_n psa_{it} \cdot I(psa_{it} \leq \gamma_n) + \qquad (\text{式} 7-1)$$
$$\alpha_{n+1} psa_{it} \cdot I(psa_{it} > \gamma_n) + \theta x_{it} + \varepsilon_{it}$$

式 7 - 1 中，$tfpch_{it}$ 表示 i 省份在 t 时期的农业全要素生产率水平变量；psa_{it} 为 i 省份在 t 时期的生产性服务业集聚水平变量，其不仅是门槛解释变量，还是核心解释变量，γ 用来表示门槛值；x_{it} 表示 i 省份在 t 时期的工业化（ind_{it}）、农业结构调整（str_{it}）、农村公路密度（$rden_{it}$）、财政支农力度（sup_{it}）、土地利用能力（$lanu_{it}$）和自然环境（$envi_{it}$）等控制变量。

为了进一步反映生产性服务业集聚对农业全要素生产率的非线性作用路径，这里进一步构建如下模型，其中生产性服务业作用于农业技术进步的非线性计量模型如下：

$$techch_{it} = \mu_i + \alpha_1 psa_{it} \cdot I(psa_{it} \leq \gamma_1) + \alpha_2 psa_{it} \cdot I$$
$$(psa_{it} > \gamma_1) + \cdots + \alpha_n psa_{it} \cdot I(psa_{it} \leq \gamma_n) + \qquad (\text{式} 7-2)$$
$$\alpha_{n+1} psa_{it} \cdot I(psa_{it} > \gamma_n) + \theta x_{it} + \varepsilon_{it}$$

生产性服务业集聚作用于农业技术效率的非线性计量模型如下：

$$effch_{it} = \mu_i + \alpha_1 psa_{it} \cdot I(psa_{it} \leq \gamma_1) + \alpha_2 psa_{it} \cdot I$$
$$(psa_{it} > \gamma_1) + \cdots + \alpha_n psa_{it} \cdot I(psa_{it} \leq \gamma_n) + \qquad (\text{式} 7-3)$$
$$\alpha_{n+1} psa_{it} \cdot I(psa_{it} > \gamma_n) + \theta x_{it} + \varepsilon_{it}$$

相应地，以生产性服务业增长作为门槛变量，构建相应的面板门槛数据模型以阐明生产性服务业增长支农效应的内在规律和门槛特征，具体构建的面板门槛数据模型如下：

$$tfpch_{it} = \mu_i + \alpha_1 psc_{it} \cdot I(psc_{it} \leq \gamma_1) + \alpha_2 psc_{it} \cdot I$$

$$(psc_{it} > \gamma_1) + \cdots + \alpha_n psc_{it} \cdot I(psc_{it} \leq \gamma_n) +$$

$$\alpha_{n+1} psc_{it} \cdot I(psc_{it} > \gamma_n) + \theta x_{it} + \varepsilon_{it}$$
（式7-4）

式7-4中，psc_{it}为i省份在t时期的生产性服务业增长水平变量，其他变量定义同式7-1。揭示生产性服务业增长对农业全要素生产率非线性作用路径分别如下：

$$techch_{it} = \mu_i + \alpha_1 psc_{it} \cdot I(psc_{it} \leq \gamma_1) + \alpha_2 psc_{it} \cdot I$$

$$(psc_{it} > \gamma_1) + \cdots + \alpha_n psc_{it} \cdot I(psc_{it} \leq \gamma_n) +$$

$$\alpha_{n+1} psc_{it} \cdot I(psc_{it} > \gamma_n) + \theta x_{it} + \varepsilon_{it}$$
（式7-5）

$$effch_{it} = \mu_i + \alpha_1 psc_{it} \cdot I(psc_{it} \leq \gamma_1) + \alpha_2 psc_{it} \cdot I$$

$$(psc_{it} > \gamma_1) + \cdots + \alpha_n psc_{it} \cdot I(psc_{it} \leq \gamma_n) +$$

$$\alpha_{n+1} psc_{it} \cdot I(psc_{it} > \gamma_n) + \theta x_{it} + \varepsilon_{it}$$
（式7-6）

其中，式7-5、式7-6分别是基于农业技术进步和农业技术效率路径的非线性模型。

另外，如果生产性服务业发展支农溢出具有非线性特征，这种非线性动态关系是否具有一定的条件限制。为了客观地解决上述问题，本章基于农户经营规模（$fars_{it}$）、城市化水平（urb_{it}）和城乡收入差距（gap_{it}）等门槛约束角度考察约束机制，以揭示上述维度调节下，生产性服务业发展如何影响农业全要素生产率。这里将分别以上述因素作为门槛变量来构建非线性模型，其中以农户经营规模为门槛变量，构建的生产性服务业集聚影响农业全要素生产率的面板门槛数据模型如下：

$$tfpch_{it} = \mu_i + \alpha_1 psa_{it} \cdot I(fars_{it} \leq \gamma_1) + \alpha_2 fars_{it} \cdot I$$

$$(fars_{it} > \gamma_1) + \cdots + \alpha_n psa_{it} \cdot I(fars_{it} \leq \gamma_n) +$$

$$\alpha_{n+1} psa_{it} \cdot I(fars_{it} > \gamma_n) + \theta x_{it} + \varepsilon_{it}$$
（式7-7）

以农户经营规模为门槛变量，构建的生产性服务业增长影响农业全要素生产率的面板门槛数据模型如下：

$$
\begin{aligned}
tfpch_{it} &= \mu_i + \alpha_1 psc_{it} \cdot I(fars_{it} \leq \gamma_1) + \alpha_2 psc_{it} \cdot I \\
&(fars_{it} > \gamma_1) + \cdots + \alpha_n psc_{it} \cdot I(fars_{it} \leq \gamma_n) + \\
&\alpha_{n+1} psa_{it} \cdot I(fars_{it} > \gamma_n) + \theta x_{it} + \varepsilon_{it}
\end{aligned}
\tag{式 7-8}
$$

以城市化水平为门槛变量，构建的生产性服务业集聚影响农业全要素生产率的面板门槛数据模型如下：

$$
\begin{aligned}
tfpch_{it} &= \mu_i + \alpha_1 psa_{it} \cdot I(urb_{it} \leq \gamma_1) + \alpha_2 psc_{it} \cdot I \\
&(urb_{it} > \gamma_1) + \cdots + \alpha_n psa_{it} \cdot I(urb_{it} \leq \gamma_n) + \\
&\alpha_{n+1} psa_{it} \cdot I(urb_{it} > \gamma_n) + \theta x_{it} + \varepsilon_{it}
\end{aligned}
\tag{式 7-9}
$$

以城市化水平为门槛变量，构建的生产性服务业增长影响农业全要素生产率的面板门槛数据模型如下：

$$
\begin{aligned}
tfpch_{it} &= \mu_i + \alpha_1 psc_{it} \cdot I(urb_{it} \leq \gamma_1) + \alpha_2 psc_{it} \cdot I \\
&(urb_{it} > \gamma_1) + \cdots + \alpha_n psc_{it} \cdot I(urb_{it} \leq \gamma_n) + \\
&\alpha_{n+1} psc_{it} \cdot I(urb_{it} > \gamma_n) + \theta x_{it} + \varepsilon_{it}
\end{aligned}
\tag{式 7-10}
$$

以城乡收入差距为门槛变量，构建的生产性服务业集聚影响农业全要素生产率的面板门槛数据模型如下：

$$
\begin{aligned}
tfpch_{it} &= \mu_i + \alpha_1 psa_{it} \cdot I(gap_{it} \leq \gamma_1) + \alpha_2 psa_{it} \cdot I \\
&(gap_{it} > \gamma_1) + \cdots + \alpha_n psa_{it} \cdot I(gap_{it} \leq \gamma_n) + \\
&\alpha_{n+1} psa_{it} \cdot I(gap_{it} > \gamma_n) + \theta x_{it} + \varepsilon_{it}
\end{aligned}
\tag{式 7-11}
$$

以城乡收入差距为门槛变量，构建的生产性服务业增长影响农业全要素生产率的面板门槛数据模型如下：

$$
\begin{aligned}
tfpch_{it} &= \mu_i + \alpha_1 psc_{it} \cdot I(gap_{it} \leq \gamma_1) + \alpha_2 psc_{it} \cdot I \\
&(gap_{it} > \gamma_1) + \cdots + \alpha_n psc_{it} \cdot I(gap_{it} \leq \gamma_n) + \\
&\alpha_{n+1} psc_{it} \cdot I(gap_{it} > \gamma_n) + \theta x_{it} + \varepsilon_{it}
\end{aligned}
\tag{式 7-12}
$$

进一步，考虑到生产性服务业集聚水平（psa_{it}）可能会影响到生产性服务业增长（psc_{it}）的支农溢出，而生产性服务业增长水平（psc_{it}）的变化可能也会影响到生产性服务业集聚（psc_{it}）的支农溢出。这里构建的以生产性服务业集聚水平作为门槛变量的交互门槛模型如下：

$$tfpch_{it} = \mu_i + \alpha_1 psc_{it} \cdot I(psa_{it} \leqslant \gamma_1) + \alpha_2 psc_{it} \cdot I$$
$$(psa_{it} > \gamma_1) + \cdots + \alpha_n psc_{it} \cdot I(psa_{it} \leqslant \gamma_n) + \qquad (\text{式}7-13)$$
$$\alpha_{n+1} psc_{it} \cdot I(psa_{it} > \gamma_n) + \theta x_{it} + \varepsilon_{it}$$

构建的以生产性服务业增长水平作为门槛变量的交互门槛模型如下：

$$tfpch_{it} = \mu_i + \alpha_1 psa_{it} \cdot I(psc_{it} \leqslant \gamma_1) + \alpha_2 psa_{it} \cdot I$$
$$(psc_{it} > \gamma_1) + \cdots + \alpha_n psa_{it} \cdot I(psc_{it} \leqslant \gamma_n) + \qquad (\text{式}7-14)$$
$$\alpha_{n+1} psa_{it} \cdot I(psc_{it} > \gamma_n) + \theta x_{it} + \varepsilon_{it}$$

7.1.2 变量设计与数据说明

（1）被解释变量：本章的被解释变量包括农业全要素生产率及其分解指数。这里直接引用第四章中对农业全要素生产率（$tfpch$）、农业技术进步（$techch$）和农业技术效率（$effch$）三个指标进行转换处理后的数据，此处不再赘述。

（2）核心解释变量。生产性服务业集聚（psa）和生产性服务业增长（psc）是本章的核心解释变量。这里直接引用第三章中对生产性服务业集聚和生产性服务业增长的测度结果，此处同样不再赘述。

（3）门槛变量。本章首先选取生产性服务业集聚指数和增长指数分别作为门槛变量，旨在研究生产性服务业集聚支农的动态影响，以及生产性服务业增长的动态支农溢出。另外，考虑到农户经营规模、城市化水平和城乡收入差距可能产生的影响，这里分别基于上述维度探讨生产性服务业发展对农业全要素生产率影响的约束机制，以揭示上述因素约束下生产性服务业集聚抑或增长的动态支农溢出效应。对于农户经营规模（*fars*），适度的农户经营规模可能有利于先进农业技术的使用和普及，从而对农业全要素生产率产生重要影响，这里选取农业从业人员人均农作物播种面积（单位：公顷）来表示；对于城市化水平（*urb*），城市化是影响农业全要素生产率变化的重要因素，加快城市化进程可能促进了农业现代化和产业化，但也导致了农业人口和劳动力的外流和转移，这里采用各省城镇人口占总人口的比值来表示；对于城乡收入差距（*gap*），借鉴李雪松和冉光和（2013）的做法，选取城镇居民人均可支配收入与农村居民人均纯收入来表示。另外，为了进一步揭示生产性服务业集聚和生产性服务业增长支农溢出的动态交互影响，本章还分别选取生产性服务业增长指数或集聚指数依次交互作为门槛变量。

（4）控制变量。为了得到更稳健和无偏的估计结果，我们还在控制了其他一些影响因素：工业化进程（*ind*），运用各省份第二产业增加值与地区生产总值的比值来表示；农业结构调整（*str*），选取各省份粮食作物总播种面积占播种总面积的比重来衡量，以揭示农业种植结构是否合理，是否朝着比较优势方向发展；农村公里密度（*rden*），采用各省份农村公路与国土面积的比值来反映，对于农村公路长度的度量，这里借鉴邓晓兰和鄢伟波的做法，用等外公路里程加上等级公路中扣除一等公路、二等公路和高速公路之外里程的和表示；土地利用能力（*lanu*），土地是农业生产的基础，土地利用能力的高低关乎农业全要素生产率的增长，这里选用各省份有效灌溉面积与耕地总面积的比值来表示；财政支农力度（*sup*），政府对农业的财政支持是农业科技投入的重要资金来源，也是农业高质量发展的重要保障，这里采用各省份财政农业支出在财政总支出中的占比来表示财政支农力度，该指标值越大表明政府财政支农力度越高；自然环境（envi），农业发展对自然环境具有很强的依赖性，生态环境的恶化会严重制约农业增长，进而对农业全要素生产率具有不利影响，这里采用各省份受灾面积与农作物播种总面积的比值来衡量自然环境。

本章以2003—2016年作为研究时段，研究涉及的相关基础数据分别来自历年的《中国农村统计年鉴》《中国统计年鉴》以及《中国工业经济统计年鉴》等统计资料。其中，生产性服务业集聚、生产性服务业增长、农业全要素生产率、农业技术进步和农业技术效率指标引用前文测算结果。由于西藏、港澳台地区数据缺失较多，故从研究样本中剔除，最终选取中国30省份作为对象进行研究。

7.2　生产性服务业对农业全要素生产率影响的动态效应检验

7.2.1　基于产业集聚角度的检验及分析

这里基于Hansen的面板数据门槛回归方法来检验生产性服务业集聚影响农业全要素生产率及其构成的作用规律及约束机制。这里采用"自举法"，重叠模拟似然比检验统计量300次，以估计相应的bootstrap P值，具体实证分析如下：

表7-1展示了以生产性服务业集聚作为门槛变量的检验结果。由表7-1不难发现，无论是考虑控制变量抑或不考虑控制变量，生产性服务业集聚变量分别通过了不同显著性水平下的单一、双重和三重门槛检验，考虑控制变量情况下三重门槛效应检验的95%置信区间为［0.7471 1.6745］，表明基于三重面板门槛数据模型来考察生产性服务业集聚支农的门槛效应是较为科学的；除

了与不含控制变量的门槛模型进行比较分析加以印证外，本章还采用了以下手段进一步增强基本结论的可靠性：一是删除2003年的样本，以2004—2016年为研究时段进行稳健性检验1；二是为了剔除异常值和非随机性产生的不良影响，本章利用去掉3%比例的生产性服务业集聚平均水平极大值和极小值样本后的面板数据做稳健性检验2。上述两种检验发现，生产性服务业集聚变量均依次通过了不同显著性水平下的单一、双重和三重门槛检验，且相应的三重门槛检验的95%置信区间分别为［0.7532 1.6745］和［0.8189 1.2820］。经对比发现，两种情形下面板门槛数据模型的稳健性估计结果发现其均为门槛模型，同样依次分别通过了单一、双重和三重门槛检验，且相对应的各门槛值之间相差不大，充分表明基于三重门槛模型进行研究是科学的。另外，为了进一步检验生产性服务业集聚支农的动态路径特征，这里分别对生产性服务业集聚影响农业技术进步和农业技术效率的门槛效应进行检验，结果发现，采用三重门槛模型研究生产性服务业集聚对农业全要素生产率构成的影响是有必要的。

表7-1 门槛效应存在性检验及门槛估计结果

检验	模型	估计值	F值	P值	BS次数
不含控制变量检验	单一门槛	0.7860	38.2518 ***	0.0000	300
	双重门槛	0.8575	15.1521 ***	0.0000	300
	三重门槛	0.9635	12.6605 ***	0.0000	300
包含控制变量检验	单一门槛	0.7860	6.7633 **	0.0200	300
	双重门槛	0.8584	5.1369 **	0.0267	300
	三重门槛	1.1357	5.3945 **	0.0333	300
稳健性检验1	单一门槛	0.7955	8.6141 ***	0.0033	300
	双重门槛	0.8575	4.7479 **	0.0200	300
	三重门槛	1.1357	4.7854 **	0.0167	300

检验	模型	估计值	F 值	P 值	BS 次数
稳健性 检验 2	单一门槛	0.7860	3.7789 *	0.0633	300
	双重门槛	0.8575	5.7828 **	0.0200	300
	三重门槛	1.1016	3.9270 **	0.0200	300
农业技术 进步检验	单一门槛	0.7999	10.5044 ***	0.0000	300
	双重门槛	0.8584	6.4454 ***	0.0067	300
	三重门槛	1.1357	5.5843 **	0.0233	300
农业技术 效率检验	单一门槛	0.8029	5.7111 **	0.0267	300
	双重门槛	0.8853	5.1962 **	0.0100	300
	三重门槛	0.9221	4.8574 **	0.0233	300

注：***、**分别表示在 1% 和 5% 的显著水平通过了检验。表 7-3、表 7-5 和表 7-7 同。

这里进一步基于 30 个省份的面板数据进行估计，表 7-2 展示了相关估计结果。表 7-2 中，模型 1 展示了不考虑控制变量的结果，模型 2 展示了考虑控制变量的结果，模型 3 和模型 4 分别是稳健性检验 1 和稳健性检验 2 的门槛估计结果，模型 5 是生产性服务业集聚对农业技术进步影响的门槛估计结果，模型 6 是生产性服务业集聚对农业技术效率的门槛估计结果。通过模型 2、模型 3 和模型 4 的估计结果可知，工业化、农业结构调整、农村公路密度、土地利用能力、财政支农力度和自然环境等控制变量的影响方向基本一致，只是在显著性和系数大小上略有差异，这也支持了本章研究结论的可靠性。具体来看，工业化变量的影响系数显著为负，说明新时代下加快工业化进程对农业全要素生产率的提升产生了一定的负面影响，这与宋科艳和曹明福的研究结论是一致的，因此如何合理协调工业化与农业现代化之间的关联，是工业反哺农业政策应重点考虑的；农业结构调整的系数显著为负，说明农业结构调整对农业全要素生产率产生了一定的抑制效应，这可能与国家优先确保粮食安全的战略密切相关，这也在一定程度上支持了尹朝静的研究结论；农村公路密度显著促进了农业全要素生产率的提升，原因可能在于有效提升了农业机械化运行效率和农产品市场化程度，降低了农业生产要素和产品的流动和扩散速度，进而有利于农业全要素生产率水平提升；财政支农力度对农业全要素生产率的影响显著为正，政府对农业的财政支持是农业科技投入的重要资金来源，增强政府财政支农力度将会对农业全要素生产率水平改善产生显著的正面影响；土地利用能力对农业全要素生产率的影响系数显著为正，表明土地利用能力的提升明显有利于农业的高质量发展；自然环境的估计系数显著为负，表明农业生态环境的恶化会严重制约农业增长，会对农业全要素生产率产生不利影响。由模型 5 和模型 6 可知，工业化、农业结构调整和自然环境显著地抑制了农业技术进步水平提升，对农业技术效率则产生了不明显的积极影响；农村公路密度越高越有利于农业技术进步，但对农业技术效率的积极影响并不明显；财政支农力度和土地利用能力对农业技术进步均有显著促进影响，却对农业技术效率产生了一定的抑制作用。

表 7 - 2　面板模型估计结果

变量	模型 1	模型 2	模型 3	模型 4	模型 5	模型 6
ind		- 4. 3251 ***	- 5. 0549 ***	- 4. 3826 ***	- 4. 3495 ***	0. 0420
		(- 6. 3336)	(- 6. 6087)	(- 6. 3532)	(- 6. 3532)	(0. 6277)
str		- 1. 7902 **	- 2. 1331 **	- 1. 0351 *	- 1. 5413 *	0. 0486
		(- 2. 2510)	(- 2. 2862)	(- 1. 8958)	(- 1. 7698)	(0. 6346)
rden		2. 2476 ***	2. 3691 ***	2. 2024 ***	2. 2349 ***	0. 0062
		(15. 1456)	(12. 5512)	(14. 8710)	(14. 9183)	(0. 4353)
sup		1. 9732 ***	1. 6306 ***	1. 9027 ***	2. 4548 ***	- 0. 1408 **
		(5. 9281)	(5. 3971)	(5. 4116)	(5. 3566)	(- 2. 1598)
lanu		0. 1676 *	0. 0402 **	0. 2188 **	0. 2618 **	- 0. 0500 ***
		(1. 9013)	(2. 2198)	(2. 0184)	(2. 3709)	(- 2. 9902)
envi		- 1. 3459 ***	- 1. 3862 ***	- 1. 4335 ***	- 1. 4230 ***	0. 0045
		(- 7. 9608)	(- 8. 0108)	(- 8. 4705)	(- 8. 1433)	(0. 1956)

变量	模型 1	模型 2	模型 3	模型 4	模型 5	模型 6
psa_1	5.7963 ***	2.0716 ***	1.9669 ***	1.5221 **	2.2399 ***	− 0.0370
	(7.2585)	(3.6926)	(3.0494)	(2.5435)	(4.0644)	(− 0.9117)
psa_2	4.6450 ***	1.5535 ***	1.3554 **	1.1419 **	1.6569 ***	− 0.0016
	(6.5179)	(3.1570)	(2.3793)	(2.1530)	(3.3193)	(− 0.0466)
psa_3	3.4819 ***	1.2181 ***	1.0274 **	0.7915 *	1.3310 ***	0.0375
	(5.3912)	(2.7722)	(1.9687)	(1.6781)	(2.9986)	(1.2338)
psa_4	2.8673 ***	0.7589 **	0.5340 *	0.3779 **	0.8252 **	− 0.0083
	(4.9120)	(2.0451)	(1.7874)	(1.9051)	(2.2082)	(− 0.3198)

注：（ ）内为修正异方差后的 t 统计量值，＊＊＊、＊＊、＊分别表示各变量的系数通过 1%、5%、10% 检验，表 7 − 4 和表 7 − 6、表 7 − 8 和表 7 − 9 同。psa_1 至 psa_4 分别为不同区间内生产性服务业集聚变量的估计系数。

由表 7 − 2 中的门槛模型 2 可知，生产性服务业集聚对农业全要素生产率的影响呈现较为复杂的非线性规律，不仅仅是简单的线性关系。总体来看，生产性服务业集聚水平的三个门槛值分别为 0.7860、0.8584 和 1.1357，据此可相应地划分出四个门槛区间，生产性服务业集聚对农业全要素生产率的影响在不同区间内是存在差异的，具体表现为：当生产性服务业集聚水平低于 0.7860 时，影响系数显著为正，表明在第一门槛区间内生产性服务业集聚的支农效应是积极的。当生产性服务业集聚水平位于 0.7860 与 0.8584 之间时，影响强度为 1.5535 且显著，表明在第二门槛区间内生产性服务业集聚对农业全要素生产率仍具有一定的正向影响，但这种积极作用已开始弱化。当生产性服务业集聚水平位于 0.8584 与 1.1357 之间时，估计系数仍显著为正，表明生产性服务业集聚的支农效应仍是正面的，且这种积极影响将会进一步降低。当生产性服务业集聚水平超过 1.1357 时，其估计系数仍显著为正，但作用强度相比其他门槛区间减至最小。因此，随着生产性服务业集聚水平的提升，生产性服务业集聚对农业全要素生产率的影响存在着显著的正向且边际效率递减的非线性特征，这与惠炜和韩先锋（2016）基于生产性服务业集聚影响地区劳动生产率的研究结论是较为一致的。进一步计算发现，考察期内生产性服务业集聚平均水平为1.0138，正处于第三门槛区间，新时代下如何克服生产性服务业集聚对农业全要素生产率的弱化效果，是应予以重点关注的。另外，模型1、模型3和模型4的估计结果均较好地支持了本章的基本结论，即本章所得出的主要结论是稳健的。

模型5展示了基于农业技术进步路径的生产性服务业集聚作用效果，由模型5可知，生产性服务业集聚水平的三个门槛值分别为0.7999、0.8584和1.1357，当生产性服务业集聚水平小于0.7999时，生产性服务业集聚对农业技术进步的积极影响最为显著。当生产性服务业集聚水平依次超过0.7999、0.8584和1.1357时，生产性服务业集聚对农业技术进步的促进效应在持续减弱。不难发现，随着生产性服务业集聚水平的提升，生产性服务业集聚对农业全要素生产率有着正向且边际效率递减的非线性规律，这与生产性服务业集聚对农业全要素生产率的作用机制是一致的；模型6展示了基于农业技术效率路径的生产性服务业集聚作用机制，由模型6可知，生产性服务业集聚的三个门槛值分别是0.8029、0.8853和0.9221，在第一、第二和第四门槛区间内生产性服务业集聚变量的估计系数均为负，在第三门槛区间内生产性服务业集聚变量的估计系数则为正，生产性服务业集聚变量的系数均不显著，表明生产性服务业集聚对农业技术效率具有不显著的倒N形作用机制，即只有在适度的生产性服务业集聚水平下才能在一定程度上改善农业技术效率水平。基于生产性服务业集聚对农业技术效率和农业技术进步作用路径比较发现，生产性服务业集聚主要是通过农业技术进步路径来推动农业的高质量发展，其对农业技术效率的改善作用并不明显，通过生产性服务业集聚促进农业技术进步应是推动农业高质量发展的必由之路。

7.2.2　基于产业增长角度的检验及分析

这里基于 Hansen 的面板数据门槛回归方法来检验生产性服务业增长影响农业全要素生产率及其构成的作用规律及其约束机制。对于门槛模型形式和研究方法的选择，这里基于"自举法"，重叠模拟似然比检验统计量 300 次，以估计 bootstrap P 值，具体实证分析如下。

表 7 - 3　门槛效应存在性检验及门槛估计结果

检验	模型	估计值	F 值	P 值	BS 次数
不含控制变量检验	单一门槛	3.1669	44.6479***	0.0000	300
	双重门槛	4.9350	34.8150***	0.0000	300
	三重门槛	5.5426	21.5513***	0.0000	300
包含控制变量检验	单一门槛	3.7732	23.3358***	0.0000	300
	双重门槛	4.6678	12.9666***	0.0000	300
	三重门槛	5.0071	10.1131***	0.0000	300
稳健性检验 1	单一门槛	3.7509	20.3775***	0.0000	300
	双重门槛	4.6391	12.4561***	0.0000	300
	三重门槛	5.0071	10.2095***	0.0033	300
稳健性检验 2	单一门槛	3.7509	20.8835***	0.0000	300
	双重门槛	4.8964	11.9399***	0.0000	300
	三重门槛	5.0272	7.8831**	0.0100	300
农业技术进步检验	单一门槛	3.2634	17.9822***	0.0000	300
	双重门槛	5.0071	16.7631***	0.0000	300
	三重门槛	5.5426	14.9163***	0.0000	300
农业技术效率检验	单一门槛	2.7418	38.5042***	0.0000	300
	双重门槛	3.6369	30.6798***	0.0000	300
	三重门槛	4.1887	5.5075**	0.0233	300

表 7 - 3 展示了以生产性服务业增长作为门槛变量的检验结果。由表 7 - 3 不难发现，无论是考虑控制变量抑或不考虑控制变

量，生产性服务业规模增长变量均在1%的显著性水平依次通过了单一、双重和三重门槛检验，考虑控制变量情况下三重门槛效应检验的95%置信区间为［4.9953 5.0158］，表明基于三重面板门槛数据模型来考察生产性服务业增长支农溢出的门槛效应是较为合理的；除了与不含控制变量的门槛模型进行比较分析加以印证外，这里同样采用了以下手段进一步增强基本结论的可靠性：一是删除2003年的样本，以2004—2016年为研究时段进行稳健性检验1；二是为了剔除异常值和非随机性产生的不良影响，这里利用各去掉3%比例的生产性服务业增长平均水平最低和最高的样本来进行稳健性检验2。上述两种检验的结果表明，生产性服务业增长变量均依次显著通过了单一、双重和三重门槛效应检验。经对比发现，稳健性估计结果显示其均为门槛数据模型，同样依次分别通过了单一、双重和三重门槛检验，且相对应的各门槛值之间相差不大，充分表明这里基于三重门槛模型进行研究是科学的。同样，为了进一步检验生产性服务业增长对农业全要素生产率构成的内在影响，这里分别对生产性服务业增长影响农业技术进步和农业技术效率的门槛效应进行检验，结果发现，采用三重门槛模型研究生产性服务业增长对农业全要素生产率构成的影响是有必要的。

基于产业增长角度的估计结果见表7-4。表7-4中，模型1是不考虑控制变量的结果，模型2是考虑控制变量的结果，模型3和模型4分别是稳健性检验1和稳健性检验2的门槛估计结果，模型5是生产性服务业增长对农业技术进步影响的门槛估计结果，模型6是生产性服务业增长对农业技术效率的门槛估计结果。通过模型2、模型3和模型4的估计结果可知，工业化、农业结构调整、农村公路密度、土地利用能力、财政支农力度和自然环境等控制变量的影响方向基本一致，只是在显著性和系数大小上略有差异，这也支持了本章研究结论的可靠性。具体来看，工业化变量的影响系数显著为负，与表 6 - 2 中的结果也较为一致，这里不再赘述。

表 7 - 4　面板模型估计结果

变量	模型 1	模型 2	模型 3	模型 4	模型 5	模型 6
ind		- 0. 7247 (- 1. 3255)	- 0. 9193 (- 1. 6266)	- 0. 1282 (- 0. 2161)	- 0. 9655 (- 1. 7572)	- 0. 0006 (- 0. 0086)
str		- 1. 3015 ** (- 2. 0407)	- 1. 3255 * (- 1. 8126)	- 2. 3111 *** (- 3. 2564)	- 1. 6959 *** (- 2. 6044)	- 0. 1776 *** (- 2. 8254)
rden		1. 1440 *** (10. 4376)	1. 1025 *** (8. 5492)	1. 3452 *** (11. 9652)	1. 0053 *** (8. 7337)	0. 0405 ** (2. 3790)
sup		1. 6199 *** (6. 0946)	1. 4284 *** (5. 4171)	1. 8402 *** (4. 7817)	1. 9899 *** (5. 6820)	- 0. 1209 ** (- 2. 3956)
lanu		0. 1053 (0. 8433)	0. 1352 (1. 0397)	0. 0483 (0. 4128)	0. 0748 (0. 6976)	- 0. 0112 (- 0. 8338)
envi		- 0. 8723 *** (- 5. 6450)	- 0. 8297 *** (- 5. 1860)	- 1. 0184 *** (- 6. 3876)	- 0. 8285 *** (- 5. 7881)	- 0. 0231 (- 1. 0615)
psc_1	2. 2201 *** (14. 9856)	1. 5080 *** (9. 1240)	1. 5856 *** (8. 9390)	1. 3757 *** (7. 7531)	1. 7583 *** (17. 0824)	0. 0167 (0. 9307)
psc_2	2. 3306 *** (16. 1942)	1. 6480 *** (10. 6236)	1. 7281 *** (10. 3693)	1. 5293 *** (8. 8948)	2. 4191 *** (17. 0377)	- 0. 0415 ** (- 2. 6455)
psc_3	2. 4467 *** (17. 7546)	1. 7122 *** (11. 4344)	1. 7916 *** (11. 1050)	1. 6136 *** (9. 6305)	2. 4934 *** (18. 5924)	- 0. 0233 (- 1. 5318)
psc_4	2. 5730 *** (20. 0320)	1. 8115 *** (13. 0003)	1. 8907 *** (12. 6268)	1. 6824 *** (10. 6189)	2. 6959 *** (18. 6275)	- 0. 0406 *** (- 2. 8218)

注：*psc_*1 至 *psc_*4 分别为不同面板门槛区间生产性服务业集聚变量的估计系数。

由模型 2 可知，生产性服务业增长对农业全要素生产率存在较为复杂的动态非线性影响。生产性服务业增长水平的三个门槛值分别为 3. 7509、4. 6678 和 5. 0071，据此可以相应地划分出四个门槛区间，在不同门槛区间内生产性服务业增长对农业全要素生产率的影响是存在差异的，具体表现为：当生产性服务业增长水平低于 3.7509 时，影响系数显著为正，表明在第一门槛区间内生产性服务业增长对农业全要素生产率具有显著的促进效应。当生产性服务业增长水平位于 3.7509 与 4.6678 之间时，影响系数相较第一门槛区间有所增大，表明在第二门槛区间内生产性服务业增长对农业全要素生产率仍具有一定的正向影响。当生产性服务业增长水平位于 4.6678 与 5.0071 之间时，估计系数仍显著为正，表明生产性服务业增长对农业全要素生产率仍具有明显的积极影响，且这种正面效应进一步增强。当生产性服务业增长水平超过 5.0071 时，其估计系数仍显著为正，且支农强度相比第三门槛区间有明显增强。因此，随着生产性服务业增长水平的不断提升，生产性服务业增长的支农溢出效应存在着显著的正向且边际效率递增的非线性特征，这与基于生产性服务业集聚角度得出的结论是相反的。进一步计算发现，考察期内生产性服务业增长的平均水平为 4.379，正处于第二门槛区间，这意味着当前应进一步加快生产性服务业发展，持续提升生产性服务业规模，从而尽可能地释放生产性服务业增长对提升农业全要素生产率的溢出效果。另外，模型 1、模型 3 和模型 4 的估计结果均较好地支持了本章的基本结论，即本章所得出的主要结论是稳健的。

模型 5 展示了基于农业技术进步路径的生产性服务业增长作用效果。由模型 5 可知，生产性服务业增长水平的三个门槛值分别为 3.2634、5.0071 和 5.5426，当生产性服务业集聚水平依次超越 3.2634、5.0071 和 5.5426 水平时，生产性服务业增长对农业全要素生产率的积极影响是持续增强的，即随着生产性服务业增长水平的提升，生产性服务业增长对农业全要素生产率有着正向且边际效率递增的非线性规律，这与生产性服务业增长对农业全要素生产率的作用机制是一致的；模型 6 展示了基于农业技术效率路径的生产性服务业增长作用机制。由模型 6 可知，生产性服务业增长的三个门槛值分别是 2.7418、3.6369 和 4.1887，在第二、第三和第四门槛区间内生产性服务业增长变量的估计系数均为负，在第一门槛区间内生产性服务业增长变量的估计系数为正且不显著，表明生产性服务业增长对农业技术效率具有不显著的倒 U 形作用机制，原因在于，表明生产性服务业增长的提升对农业管理效率提升产生了一定的抑制作用。通过农业技术进步和农业技术效率路径比较发现，生产性服务业增长也主要是通过农业技术进步路径来推动农业的全要素生产率增长，这一现象应尤为值得关注。

7.3　生产性服务业对农业全要素生产率影响的动态约束机制

7.3.1　基于产业集聚角度的约束机制

基于前文的实证探讨表明，随着生产性服务业集聚水平的提升，其对农业全要素生产率有着正向且边际效率递减的作用规律，为了尝试破解生产性服务业集聚的边际效率递减约束，以期从产业集聚视角为推动生产性服务业和农业的深度融合寻找更好的突破口，这里将进一步基于农户经营规模、生产性服务业增长、城市化水平和城乡收入差距等四个维度，考察生产性服务业集聚对农业全要素生产率影响可能存在的约束机制，并试图破解上述难题。

表 7-5 列出了基于四个约束维度下的面板门槛数据模型的检验结果。可以发现，农户经营规模、生产性服务业增长、城市化水平和城乡收入差距等门槛变量均在不同检验水平下依次通过了单一门槛、双重门槛和三重门槛检验，且上述门槛变量下的三重

门槛置信区间分别为［0.8967 0.9096］、［5.0022 5.0117］、［0.6320 0.6400］和［3.7129 3.7453］，表明基于上述四个维度的约束机制考察均应采用三重面板门槛模型分析。

表 7-5　门槛效应存在性检验及门槛估计值

检验	模型	估计值	F 值	P 值	BS 次数
农户经营规模门槛	单一门槛	0.4962	73.5923***	0.0000	300
	双重门槛	0.6481	13.0462***	0.0000	300
	三重门槛	0.8967	5.5034**	0.0167	300
生产性服务业增长门槛	单一门槛	4.0271	102.8867***	0.0000	300
	双重门槛	4.6678	27.6276***	0.0000	300
	三重门槛	5.0071	24.8555***	0.0000	300
城市化水平门槛	单一门槛	0.4211	46.4696***	0.0000	300
	双重门槛	0.5332	41.3722***	0.0000	300
	三重门槛	0.6360	37.8914***	0.0000	300
城乡收入差距门槛	单一门槛	2.2586	28.2948***	0.0000	300
	双重门槛	2.7104	18.3771***	0.0000	300
	三重门槛	3.7169	12.0374***	0.0000	300

表 7-6 展示了在不同维度调节下，生产性服务业集聚影响农业全要素生产率的面板门槛检验结果。不难发现，与上文的门槛估计结果相比，生产性服务业集聚对农业全要素生产率的非线性效应会明显受到农户经营规模、生产性服务业增长、城市化水平和城乡收入差距等因素的调节影响，具体表现如下。

表 7-6　考虑约束机制的面板门槛数据模型估计结果

变量	农户经营规模门槛	生产性服务业增长门槛	城市化水平门槛	城乡收入差距门槛
ind	-4.3942*** (-7.1197)	-2.7374*** (-4.0802)	-4.4667*** (-7.2364)	-4.3434*** (-6.1018)
str	-2.0332*** (-2.7187)	-1.5959** (-2.3647)	-0.8003 (-1.1158)	-0.5635 (-0.7208)

续表

变量	农户经营规模门槛	生产性服务业增长门槛	城市化水平门槛	城乡收入差距门槛
rden	2.0008 *** (13.2745)	1.7249 *** (15.1967)	1.5920 *** (12.3497)	2.1321 *** (15.0818)
sup	1.7321 *** (4.6373)	1.8232 *** (5.6710)	0.9671 *** (3.8500)	1.4606 *** (4.6221)
lanu	0.2395 *** (2.6017)	0.1928 *** (2.0519)	0.2342 *** (2.4953)	0.1204 *** (2.8504)
envi	-1.2823 *** (-7.1644)	-1.1725 *** (-7.6816)	-0.9808 *** (-6.1945)	-1.0982 *** (-6.5305)
*psa*_1	0.4103 (1.3028)	-1.4370 *** (-4.0171)	-1.0442 *** (-3.2777)	0.5900 * (1.6992)
*psa*_2	0.6037 * (1.8868)	-0.9188 *** (-2.5649)	-0.2880 (-0.9002)	0.2882 (0.8271)
*psa*_3	0.9889 *** (2.8331)	-0.2959 *** (-0.8606)	0.2701 (0.8418)	-0.1297 (-0.3798)
*psa*_4	2.1543 *** (5.6111)	0.6817 *** (2.0823)	1.2691 *** (3.6602)	-0.8420 *** (-2.3814)

注：*psa*_1 至 *psa*_4 分别为不同区间内生产性服务业集聚变量的估计系数。

第一，生产性服务业集聚影响农业全要素生产率的农户经营规模门槛值分别为 0.4962、0.6481 和 0.8967。当农户经营规模水平小于 0.4962 时，生产性服务业集聚的影响系数为 0.4103，并未通过显著性水平检验，表明过低的农业经营规模对促进生产性服务业集聚溢出效应的作用较为有限；当农户经营规模水平介于 0.4962 与 0.6481 之间时，第二门槛区间内生产性服务业集聚对农业全要素生产率开始产生了显著的积极影响，且影响力度明显增强；当农户经营规模水平在 0.6481 与 0.8967 之间时，生产性服务业集聚的影响系数进一步增大，且通过了 1% 的显著性检验，表明此时生产性服务业集聚对农业全要素生产率的积极作用在持续增强；当农户经营规模水平高于 0.8967 时，生产性服务业集聚对农业全要素生产率具有显著的促进效应且强度增至最大。因此，随着农户经营规模门槛区间的变化，生产性服务业集聚对农业全要素生产率的影响具有显著的正向且边际效率递增的非线性规律，也只有农户经营规模超过一定限度时才会显著有利于生产性服务业集聚对农业全要素生产率的积极影响。也就是说，不断提高农户经营规模和促进规模化作业能有效规避生产性服务业集聚促进农业劳动生产率的边际递减效应。从实际情况来看，考察期内除内蒙古、吉林、黑龙江、青海、宁夏和新疆等少数省份位于第四门槛区间外，绝大多数省份的农户经营规模水平尚均处于第二甚至第一门槛区间内，可见较低的农户经营规模水平并未能有效地驱动生产性服务业集聚对农业全要素生产率的积极效应。因此，新时代下，因地制宜地提升农户经营规模，才能有效克服生产性服务业集聚对农业全要素生产率影响的边际递减效应，从而更有利于通过生产性服务业集聚驱动农业的高质量发展，这也与当前国家积极发展适度规模经营的农业政策是相吻合的。

第二，生产性服务业集聚对农业全要素生产率影响的生产性服务业增长门槛值分别为 4.0271、4.6678 和 5.0071。当生产性服务业增长水平小于 4.0271 时，生产性服务业集聚对农业全要素生产率具有显著的抑制作用，且此时的负面影响最为明显；当生产性服务业增长水平位于 4.0271 与 4.6678 之间时，生产性服务业集聚对农业全要素生产率仍具有显著的抑制影响，但这种抑制效果已经开始减弱；当生产性服务业增长水平介于 4.6678 与 5.0071 之间时，生产性服务业集聚的影响系数为 -0.2959 且显著，说明此时生产性服务业集聚也不利于农业全要素生产率增长，但这种负面影响已明显弱化；当生产性服务业增长水平超过 5.0071 时，生产性服务业集聚的估计系数由负转正，表明在第四门槛区间内，生产性服务业集聚明显地促进了农业全要素生产率水平提升。不难发现，在生产性服务业增长门槛约束下，生产性服务业集聚对农业全要素生产率的影响具有显著的 U 形非线性特征，即只有当生产性服务业增长水平超越一定门槛时，生产性服务业集聚才能明显有利于农业全要素生产率提升，而未跨越规模门槛时，生产性服务业增长会负向调节生产性服务业集聚对农业全要素生产率的影响，但随着生产性服务业增长水平的提升，这种负向调节效应在持续弱化。从实际情况来看，考察期内仅北京、上海、江苏、山东、河南、广东六省份的生产性服务业增长水平已处在第四门槛区间内，而 80% 的省份生产性服务业增长水平尚处在第四门槛区间以外，表明当前总体来看，生产性服务业增长并未与集聚效应发挥的要求相匹配，这预示着新时期我国应大力加快生产性服务业发展，不断促进产业规模提升，尤其是不能忽视生产性服务业规模增长与空间集聚的关系，从而最大限度地驱动农业全要素生产率水平提升。

第三，在城市化水平门槛条件下，生产性服务业集聚对农业全要素生产率的影响呈现较为复杂的非线性关系，具体表现在：当城市化水平低于 0.4211 时，生产性服务业集聚显著抑制了农业全要素生产率增长，估计系数为 −1.0442，且通过了 1% 的显著性水平下检验；当城市化水平介于 0.4211 与 0.5332 之间时，估计系数仍为负但作用强度明显减弱且变得不显著，表明在该门槛区间内生产性服务业集聚对农业全要素生产率的负面效应已明显弱化；当城市化水平位于 0.5332 与 0.6360 之间时，生产性服务业集聚的估计系数开始由负转正但并未通过显著性检验，表明此时生产性服务业集聚对农业全要素生产率开始产生了一定的积极影响；当城市化水平超越 0.6360 时，生产性服务业集聚的估计系数为 1.2691 且通过了 1% 的显著性检验，表明在第四门槛区间内生产性服务业集聚能显著地驱动农业全要素生产率增长。由此可见，在城市化水平门槛下，生产性服务业集聚对农业全要素生产率具有明显的 U 形作用规律，只有当城市化水平超过一定门槛条件时，生产性服务业集聚才能更显著地促进农业全要素生产率水平提升，即较高的城市化水平更有利于发挥生产性服务业集聚对农业高质量发展的溢出效应。从实际情况来看，考察期内仅北京、天津、上海和广东的城市化平均水平超越了 0.6360，而山西、安徽、广西、贵州等 19 个省份的平均城市化水平还在 0.5332 之下，且这些省份主要位于中西部地区。可见，当前城市化作用于生产性服务业集聚支农溢出的作用还相对不足，要深入推动生产性服务业与农业的深度融合，不断加快城市化进程，这是新时期推动农业高质量发展需要持续重点关注的。

第四，在城乡收入差距水平门槛条件下，生产性服务业集聚对农业全要素生产率的影响也呈现较为复杂的门槛效应，具体表现在：当城乡收入差距水平低于 2.2586 时，生产性服务业集聚对农业全要素生产率具有显著的促进影响；当城乡收入差距水平介于 2.2586 与 2.7104 之间时，生产性服务业集聚的估计系数仍为正，但不显著，表明在该门槛区间内生产性服务业集聚对农业全要素生产率的积极影响已不显著且强度明显弱化；当城乡收入差距水平位于 2.7104 与 3.7169 之间时，生产性服务业集聚的估计系数为负但并未通过显著性检验，表明在该门槛区间内生产性服务业集聚对农业全要素生产率开始产生了一定的负面作用；当城乡收入差距水平超越 3.7169 时，生产性服务业集聚的估计系数为 −0.8420 且通过了 1% 的显著性检验，表明在该门槛区间内生产性服务业集聚会显著抑制农业全要素生产率水平的改善。不难发现，在城乡收入差距水平门槛下，生产性服务业集聚对农业全要素生产率具有明显的倒 U 形作用特征，只有当城乡收入差距水平缩小至一定限度时，生产性服务业集聚才能显著地促进农业全要素生产率水平提升，即过高的城乡收入差距水平会负向调节生产性服务业集聚对农业高质量发展的溢出效应。从实际情况来看，考察期内山西、内蒙古、安徽等 18 个省份的平均城乡收入差距水平已超越 2.7104，仅天津的城乡收入差距水平位于第一门槛区间。可见，由于当前存在较为明显的城乡收入差距，这种差距严重制约了生产性服务业集聚对农业全要素生产率的积极影响。因此，新时代下，政府不能忽视城乡收入差距负向调节生产性服务业集聚影响农业全要素生产率的事实，如果忽视城乡收入差距的影响可能会高估生产性服务业集聚的溢出效应，不断着手缩小城乡收入差距应是依托生产性服务业集聚驱动农业全要素生产率予以重点考虑的问题。

综上可知，生产性服务业集聚对农业全要素生产率的影响存在显著的约束机制，农业经营规模、生产性服务业增长、城市化和城乡收入差距等均异质调节生产性服务业集聚作用于农业全要素生产率的溢出效应。总体来看，只有农户经营规模、生产性服务业增长、城市化水平和城乡收入差距达到一定条件时，才能最大限度地释放生产性服务业集聚对农业全要素生产率的溢出红利。从考察期内的实际情况看，推动农业规模化经营能有效规避生产性服务业集聚对农业全要素生产率的边际递减效应，而不断提升生产性服务业增长水平，加快推动城市化进程和持续缩小城乡收入差距也是新时代下有效促进生产性服务业集聚驱动农业高质量发展的重要手段，这也为新时代下中国在推动生产性服务业支农过程中充分注重与提升农户经营规模和生产性服务业增长、推动城市化进程和缩小城乡收入差距等重大举措的协调发展提供了经验支撑。

7.3.2 基于产业增长角度的约束机制

基于上文实证检验我们发现，生产性服务业增长水平的提升，对农业全要素生产率有着正向且边际效率递增的作用规律，为了尝试进一步强化生产性服务业增长的边际效率递增调节影响，这里进一步基于农户经营规模、生产性服务业集聚、城市化水平和城乡收入差距四个维度，考察生产性服务业增长对农业全要素生产率影响可能存在的约束机制。表7-7列出了基于四个约束维度下的面板门槛数据模型的检验结果。可以发现，农户经营规模、生产性服务业集聚、城市化水平和城乡收入差距等门槛变量均在不同检验水平下依次通过了单一门槛、双重门槛和三重门槛检验，且上述门槛变量下的三重门槛置信区间分别为［0.9802 1.0671］、［1.2820 1.5809］、［0.6030 0.6400］和［3.8290 4.0031］，表明基于上述四个维度的约束机制考察均应采用三重面板门槛模型。

表7-7　门槛效应存在性检验及门槛估计值

检验	模型	估计值	F 值	P 值	BS 次数
农户经营 规模门槛	单一门槛	0.4837	62.4710***	0.0000	300
	双重门槛	0.7765	14.1729***	0.0000	300
	三重门槛	1.0589	15.5734***	0.0000	300
生产性服务 业集聚门槛	单一门槛	0.8575	12.9481***	0.0067	300
	双重门槛	1.1291	8.5915***	0.0000	300
	三重门槛	1.3384	3.5452**	0.0500	300
城市化水平 门槛	单一门槛	0.3931	18.2153***	0.0000	300
	双重门槛	0.4930	16.9649***	0.0000	300
	三重门槛	0.6180	22.4113***	0.0000	300
城乡收入 差距门槛	单一门槛	2.2823	20.3245***	0.0000	300
	双重门槛	2.4859	8.2283***	0.0000	300
	三重门槛	3.9345	4.1571*	0.0567	300

表 7-8 展示了在不同维度调节下，生产性服务业增长影响农业全要素生产率的面板门槛检验结果。不难发现，与上文的基本门槛模型估计结果相比，生产性服务业增长对农业全要素生产率的非线性效应会明显受到农户经营规模、生产性服务业集聚、城市化水平和城乡收入差距等因素的调节影响，具体表现如下。

表 7-8　考虑约束机制的面板门槛数据模型估计结果

变量	农户经营规模门槛	生产性服务业集聚门槛	城市化水平门槛	城乡收入差距门槛
ind	-1.9265*** (-4.1458)	-1.2774*** (-2.5906)	-2.3400*** (-4.5884)	-0.4993 (-0.9502)
str	-1.6494*** (-2.6949)	-1.5665** (-2.3085)	-1.7186*** (2.7396)	-2.2011*** (2.9071)
rden	0.9767*** (8.4867)	1.1002*** (8.9572)	0.8860*** (8.0697)	1.3846*** (11.4047)
sup	1.2974*** (4.6808)	1.5426*** (5.7952)	1.2118*** (5.0726)	1.5660*** (6.3005)
lanu	0.1877*** (1.4720)	0.3126*** (2.5303)	0.2149 (1.4201)	0.2576** (2.0996)
envi	-0.6626*** (-4.4467)	-0.7661*** (-5.5507)	-0.6894*** (-4.5775)	-0.6564*** (-4.1477)
psc_1	1.9820*** (15.8690)	2.3773*** (18.4748)	1.4531*** (9.3378)	2.0168*** (13.6597)
psc_2	2.0466*** (16.8977)	2.3231*** (18.6425)	1.5673*** (10.5665)	1.9643*** (13.3568)
psc_3	2.1566*** (18.5716)	2.2507*** (18.2400)	1.6597*** (11.5786)	1.9302*** (12.8288)
psc_4	2.4307*** (19.5274)	2.0477*** (15.6534)	1.7656*** (12.8861)	1.7833*** (11.6309)

注：psc_1 至 psc_4 分别为不同区间生产性服务业集聚变量的估计系数。

第一，生产性服务业增长影响农业全要素生产率的农户经营规模门槛值分别为 0.4837、0.7765 和 1.0589。当农户经营规模水平小于 0.4837 时，生产性服务业增长变量的影响系数为 1.9820，且通过 1% 的显著性水平检验，表明农户经营规模有利于农业全要素生产率水平提升；当农户经营规模水平介于 0.4837 与 0.7765 之间时，该门槛区间内生产性服务业增长对农业全要素生产率的积极影响仍显著，且积极效果有所增强；当农户经营规模水平在 0.7765 与 1.0589 之间时，生产性服务业增长的影响系数进一步增大，且通过了 1% 的显著性检验，表明此时生产性服务业增长对农业全要素生产率的积极作用进一步增强；当农户经营规模水平高于 1.0589 时，生产性服务业增长对农业全要素生产率的促进效应增至最大，即更高的生产性服务业增长更有利于生产性服务业的支农效应。因此，随着农户经营规模水平的提升，生产性服务业增长对农业全要素生产率的影响具有显著的正向且边际效率递增的非线性规律。与表 6-4 中的模型 2 比较发现，四个门槛区间内的生产性服务业增长系数均明显增大，表明农户经营规模还可以持续强化生产性服务业增长对农业全要素生产率的积极影响。因此，新时代下，持续提升农户经营规模，对生产性服务业与农业融合发展是大有裨益的。

第二，生产性服务业增长对农业全要素生产率影响的生产性服务业集聚门槛值分别为 0.8575、1.1291 和 1.3384。当生产性服务业集聚水平小于 0.8575 时，生产性服务业增长对农业全要素生产率具有显著的促进效应，且此时的积极影响最为明显；当生产性服务业集聚水平位于 0.8575 与 1.1291 之间时，生产性服务业增长支农的积极效果虽显著，但已经开始减弱；当生产性服务业集聚水平介于 1.1291 与 1.3384 之间时，生产性服务业增长的影响系数进一步变小且显著，说明此时生产性服务业增长对农业全要素生产率增长的积极影响持续弱化；当生产性服务业集聚水平超过 1.3384 时，生产性服务业增长变量的系数进一步减小且显著，表明在第四门槛区间内，生产性服务业增长仍对农业全要素生产率有着显著的正面影响，但促进效应已降至最低。不难发现，在生产性服务业集聚门槛约束下，生产性服务业增长对农业全要素生产率的影响具有显著的正向且边际效率递减的非线性特征。进一步与表6-4中的模型2比较发现，各门槛区间内生产性服务业增长变量的系数均有所增强，表明随着生产性服务业集聚水平的提升，生产性服务业增长对农业全要素生产率的积极影响是持续减弱的，但较低或适度的生产性服务业集聚更有利于生产性服务业增长对农业全要素生产率的积极影响。

第三，在城市化水平门槛条件下，生产性服务业增长对农业全要素生产率的影响呈现较为复杂的非线性关系，具体表现在：当城市化水平低于0.3931时，生产性服务业规模增长显著促进了农业全要素生产率增长，估计系数为1.4531，且通过了1%的显著性水平下检验；当城市化水平介于0.3931与0.4930之间时，估计系数仍为正且作用强度有所提升，表明在该门槛区间内生产性服务业增长对农业全要素生产率的积极效应有所强化；当城市化水平位于0.4930与0.6180之间时，生产性服务业增长的估计系数进一步增大且显著，表明此时生产性服务业增长对农业全要素生产率的积极影响进一步增强；当城市化水平超过0.6180时，生产性服务业增长的估计系数增至最大且通过了1%的显著性检验，表明在第四门槛区间内生产性服务业增长能最大化地驱动农业全要素生产率增长。由此可见，在城市化水平门槛下，生产性服务业增长对农业全要素生产率具有明显的正向且边际效率递增的非线性作用规律，即较高的城市化水平更有利于发挥生产性服务业增长对农业全要素生产率的积极溢出。从实际情况来看，考察期内多数省份的平均城市化水平还在0.4930之下，且这些省份主要位于中西部地区。可见，当前城市化作用于生产性服务业规模增长驱动农业全要素生产率增长的作用同样比较有限，不断加快城市化进程，应是新时期深入推动生产性服务业与农业的深度融合需要持续重点关注的。

第四，在城乡收入差距水平门槛条件下，生产性服务业增长对农业全要素生产率的影响也呈现较为复杂的门槛效应，具体表现在：当城乡收入差距水平低于 2.2823 时，生产性服务业增长对农业全要素生产率具有显著的促进影响；当城乡收入差距水平介于 2.2823 与 2.4859 之间时，生产性服务业增长对农业全要素生产率仍具有积极影响，但正面效应有所弱化；当城乡收入差距水平位于 2.4859 与 3.9345 之间时，生产性服务业增长的估计系数为正且显著，但系数在第二门槛区间内明显变小，表明在该门槛区间内生产性服务业增长对农业全要素生产率的积极影响持续减弱；当城乡收入差距水平超越 3.9345 时，生产性服务业增长的估计系数降至最小且显著，表明在该门槛区间内城乡收入水平的扩大会进一步削弱生产性服务业增长对农业全要素生产率的积极影响。不难发现，在城乡收入差距水平门槛下，生产性服务业增长对农业全要素生产率存在正向且边际效率递减的非线性特征，即较低的城乡收入差距水平更有利于释放生产性服务业增长对农业全要素生产率的积极影响。因此，新时代下，政府不能忽视城乡收入差距对生产性服务业增长促进农业全要素生产率的弱化事实，不断着手缩小城乡收入差距应是推动生产性服务业与农业深度融合予以重点考虑的。

不难发现，生产性服务业增长对农业全要素生产率的影响存在显著的约束机制，农业经营规模、生产性服务业集聚、城市化和城乡收入差距等均异质调节生产性服务业增长作用于农业全要素生产率的溢出效应。总体来看，较高的农户经营规模、城市化水平会更有利于生产性服务业增长对农业全要素生产率的积极影响，而过高的生产性服务业集聚水平和过高的城乡收入差距则会明显弱化生产性服务业增长对农业全要素生产率的积极影响。因此，新时代下，为不断提升农户经营规模、加快城市化进程、持续缩小城乡收入差距和保持适度的生产性服务业集聚水平，应考虑推动生产性服务业和农业的深度融合。

7.4　稳健性检验和内生性处理

上文通过加入控制变量、剔除异常值、改变研究时段等手段验证了本章研究的基本结论。这里将借鉴 Greiner（2008）、Lucchetti（2009）的做法，将面板门槛数据模型改为滞后一期的做法，并采用 Hansen（1999）提出的面板门槛技术对动态非线性约束机制模型进行估计，以考虑模型的内生性问题，并进一步验证模型的稳健性。基于产业集聚角度的估计结果见表7-9，而基于产业增长角度的估计结果见表7-9。由表7-9可知，考虑非线性模型内生性后，上文的研究结论依然得到支持，表明本书的非线性模型估计结果是稳健的，此处不再赘述。

表7-9　稳健性检验和内生性处理结果

变量	产业集聚角度				产业增长角度			
	农户经营规模	生产性服务业增长	城市化水平	城乡收入差距	农户经营规模	生产性服务业集聚	城市化水平	城乡收入差距
ind	-4.7133 *** (-6.8708)	-3.1479 *** (-4.4551)	-5.1548 *** (-7.1922)	-4.9121 *** (-6.1200)	-1.3628 ** (-2.4604)	-1.1885 * (-1.9572)	-2.0746 *** (-3.5139)	-0.5632 (-0.7634)
str	-1.0364 (-1.1492)	-2.5156 *** (-2.9024)	-0.3065 (-0.3624)	-1.0894 (-1.1391)	-1.3040 * (-1.8288)	-1.8839 ** (-2.4130)	-1.7213 ** (-2.2655)	-2.7358 *** (2.9632)
rden	2.1270 *** (12.4605)	1.9708 *** (12.0565)	1.6095 *** (10.3121)	2.2991 *** (13.0510)	1.2514 *** (8.6958)	1.2942 *** (8.5357)	1.1045 *** (8.2042)	1.3872 *** (9.3602)
sup	1.4189 *** (4.1472)	1.5869 *** (5.3496)	0.9112 *** (3.6017)	1.1618 *** (3.8723)	1.1971 *** (4.2177)	1.4187 *** (4.8687)	1.0882 *** (4.3447)	1.5467 *** (4.7675)
lanu	0.1639 (1.1927)	0.1779 (1.1077)	0.1096 (0.6650)	0.1433 (0.9620)	0.1551 (1.2586)	0.3882 *** (3.3876)	0.1645 (1.1765)	0.2807 (1.3354)

变量	产业集聚角度				产业增长角度			
	农户经营规模	生产性服务业增长	城市化水平	城乡收入差距	农户经营规模	生产性服务业集聚	城市化水平	城乡收入差距
envi	− 1.4607 *** (− 7.7258)	− 1.3094 *** (− 8.7847)	− 0.9990 *** (− 6.2180)	− 1.2413 *** (− 6.8853)	− 0.8124 *** (− 5.1392)	− 0.9222 *** (− 6.4386)	− 0.7517 *** (− 4.7213)	− 0.7703 *** (− 3.8543)
psa_1	− 0.5510 (− 1.6119)	− 1.7974 *** (− 4.0329)	− 1.6656 *** (− 4.8505)	0.0055 (0.0151)				
psa_2	0.0808 (0.2593)	− 1.2591 *** (− 2.9512)	− 0.9533 *** (− 2.7831)	− 0.3189 (− 0.8100)				
psa_3	0.4841 (1.4798)	− 0.7187 * (− 1.7946)	− 0.3701 (− 1.1421)	− 0.6030 (− 1.5704)				
psa_4	1.6814 *** (4.8028)	0.2381 (0.5870)	0.5536 * (1.6560)	− 1.2209 *** (− 3.1169)				
psc_1					1.7816 *** (12.5797)	2.3913 *** (15.2782)	1.3295 *** (7.3202)	2.1664 *** (12.6309)
psc_2					1.8507 *** (13.5487)	2.3269 *** (15.4595)	1.4422 *** (8.2822)	2.1133 *** (12.3359)
psc_3					2.0927 *** (15.7520)	2.2375 *** (14.9498)	1.5298 *** (9.0769)	2.0682 *** (12.1430)
psc_4					2.2288 *** (16.5454)	2.0413 *** (13.3128)	1.6484 *** (10.2949)	2.0361 *** (11.0836)

注：*psa_1* 至 *psa_4* 分别为不同区间生产性服务业集聚变量的估计系数大小，*psc_1* 至 *psc_4* 分别为不同区间生产性服务业增长变量的估计系数大小。

7.5 本章小结

本章基于 2003—2016 年的中国省际面板数据，基于产业集聚和产业增长的双重角度，采用门槛回归技术实证考察了生产性服务业发展对农业全要素生产率影响的异质门槛效应及其约束机制。主要结论是：

第一，生产性服务业集聚对农业全要素生产率有着正向且边际效率递减的非线性特征，其对农业技术进步和农业技术效率均具有一定的非线性动态影响，分别呈现显著的正向且边际效率递减和不显著的倒 N 形非线性规律，稳健性检验支持了上述结论。

第二，生产性服务业增长对农业全要素生产率的影响表现为正向且边际效率递增的非线性特征，其对农业技术进步和农业技术效率的影响分别具有一定的正向且边际效率递增和倒 U 形非线性特征，稳健性检验同样支持了上述结论。

第三，提升农户经营规模能有效规避生产性服务业集聚驱动农业全要素生产率增长的边际递减效应，还可明显强化生产性服务业增长对农业全要素生产率的积极影响。在农户经营规模约束下，生产性服务业集聚和生产性服务业增长均对农业全要素生产率具有正向且边际效率递增的非线性影响。

第四，在城市化约束下，生产性服务业集聚、生产性服务业增长分别对农业全要素生产率产生了显著的 U 形和正向且边际效率递增的非线性特征，即更高的城市化水平更有利于生产性服务业的支农溢出；在城乡收入差距约束下，生产性服务业集聚对农业全要素生产率的影响则存在倒 U 形特征，生产性服务业增长则对农业全要素生产率产生了显著的正向且边际效率递减影响，即只有城乡收入差距缩小到一定程度时，才能有效释放生产性服务业集聚的支农溢出，也只有在较低的城乡收入差距水平下，才能更有利于生产性服务业增长对农业全要素生产率的积极影响。

第五，生产性服务业对农业全要素生产率的影响存在显著的动态交互效应。在生产性服务业增长门槛条件下，生产性服务业集聚的支农溢出呈现出显著的 U 形特征，只有生产性服务业增长水平达到一定程度时，才会最大限度地提升生产性服务业集聚的支农溢出效应。在生产性服务业集聚的门槛条件下，生产性服务业增长对农业全要素生产率的影响存在正向且边际效率递减特征，即较低的生产性服务业集聚水平更有利于生产性服务业增长对农业全要素生产率的积极影响。

第八章 生产性服务业促进农业全要素生产率的政策设计

全要素生产率水平是衡量农业高质量发展的重要依据和动力源泉。生产性服务业是新时代下推动农业高质量发展的重要潜在突破口，如何更好地依托生产性服务业支农，对于推动农业供给侧结构性改革具有重要的现实意义。根据本书研究结论，这里提出以下对策，以期为更好地发挥生产性服务业支农溢出提供参考。

8.1 提高全要素生产率，推动农业高质量发展

8.1.1 加大科技支农力度，促进农业科技进步

本书研究结果表明，科技进步是中国农业全要素生产率水平增长的主要动力。这也在一定程度上表明，新时代下实现农业集约增长的重要条件是推动农业技术持续进步。因此，通过农业技术进步路径来驱动农业全要素生产率是现阶段农业发展的必然选择。然而，中国农业科技发展过程中还存在着农业科研成果转化率低、农业科研投入总量较小、农业科研体制不合理等诸多不利于农业技术进步的问题。因此，当前要持续推动农业技术进步，必须要加强农业科技创新。一是要持续加大农业科研投资。政府既要加大财政支农力度，对农业科技发展的核心领域和关键领域进行重点扶持，也要大力引导社会资本投向农业科学研究，积极

拓展农业科研资金投入来源，不断提升农业科研规模水平，确保农业科技发展的旺盛生命力。二是培育农业科技创新企业，发挥辐射带动作用。政府应注重培育一批技术水平较高、成长潜力较大、综合效应较好的农业技术创新类企业，通过财政投入、税收减免、政策补贴等方式，加大对该类企业的科技扶持力度，增强农业企业自主创新能力，提高农业企业对农业现代化的引领带动作用。三是积极优化农业科技创新模式，加强政产学研一体化协作。政府应集聚科教资源，积极引导高校、科研院所加大对农业技术领域的支持，依托互联网、大数据等新信息技术，建立新型农业科研创新平台和农业科技创新园区，加速农业新技术、新模式、新知识的研发、应用和扩散，从而不断推动农业前沿技术溢出。

8.1.2 提高资源使用效率，改善农业技术效率

本书研究发现，技术进步是农业全要素生产率增长的主要动力，而技术效率则产生了一定的"拖累效应"，且纯技术效率是制约技术效率改善的主要原因，这意味着当前改善技术效率是提高农业全要素生产率不可或缺的重要手段。农业全要素生产率增长的理想状态是由技术进步和技术效率共同推动，中国农业的高质量发展必须切实重视改善技术效率问题，积极改变现有的过分依赖于农业技术进步"单脚跳"模式，并使农业全要素生产率的增长动力逐步转变成为依靠农业技术进步与技术效率改善的"双驱动"模式，最终推动农业增长方式的改变。首先，不能仅关注农业技术的引进、扩散或创新，应借助市场化手段不断优化农业资源配置，持续提高农业资源的使用效率。其次，要不断进行适当的管理创新及制度变革，充分挖掘资源和技术潜力。纯技术效率的负面影响表明当前农业发展过程中资源和技术的利用并不充分。

政府除了在资金、政策等方面为农业发展助力外，还应在新型研究平台、管理平台构建上给予支持，加大技术和资源的流动速度、范围和效率，为提高农业资源利用率提供保障机制。最后，要重视专业技能培训，优化农业从业人员素质结构。农业技术效率提升的一个重要因素就是改善从业者的素质，提高农业从业人员的整体素质是传递新信息、使用和推广新技术、学习和接受新管理方法等的重要环节。可见，不断优化农业从业人员结构，培育新型农业从业者也是优化农业资源配置、改善农业技术效率所不可或缺的重要手段。

8.1.3 优化农业发展模式，实现高质量协调发展

当前，中国农业全要素生产率增长存在一定的区域差异和模式差异，但农业全要素生产率及其构成均存在显著的趋同趋势。这给我们的启示在于，对于农业生产率低下的落后地区而言，要不断为其发展营造满足趋同所需要的环境，促使其在农业生产率的增长速度上赶超领先区域或省份，进而实现农业的协调发展。在发展模式上，农业全要素生产率增长表现为：技术进步和技术效率共同驱动型、纯粹技术进步驱动型、技术进步驱动技术效率抑制型三种模式，且多数省份长期处于第三种模式下发展，这些省份应积极弥补自身在技术效率方面的短板，早日实现技术进步和技术效率"双脚走"的可持续发展模式，缩小与其他地区的全要素生产率发展差距。对于纯粹的技术进步驱动型省份，在巩固技术进步贡献的同时，应积极通过制度改革和管理创新等方式注重改善技术效率，缩小与其他省份的技术效率差距；从区域差异来看，相较于东部地区，中西部地区农业发展质量较低。中西部地区省份在正视这种差距的同时，也要注意到自身农业高质量发展过程中的"后发优势"，尤其是全要素生产率水平较低的省份应

积极加强与全要素生产率高水平区域的交流和合作，搭建起高效通畅的技术、人才、资本等交流平台，加速区域间农业生产要素、知识技术等流转和扩散速度，尽可能地通过从高生产率地区获取技术溢出来弥补自身发展不足，不断缩小其与发达地区的农业发展差距，最终推动农业高质量均衡发展。

8.2　加快推动生产性服务业和农业的深度融合

8.2.1　推动农业服务外包化、市场化

我国加入世界贸易组织以来，生产性服务业发展显著地推动了农业全要素生产率水平的提升，已成为现阶段推动农业高质量发展的重要动力之一，深化和加速生产性服务业与农业发展的融合进程是大势所趋。生产性服务业具有中间投入的特性，与农业、制造业及生活性服务业均存在十分密切的关系。推动农业的高质量发展，必须把握生产性服务业与农业的融合发展趋势，大力加快生产性服务业发展，不断深化农业产业链分工，加强产业良性互动和关联。一是加快农业服务外包化发展，深化农业专业化分工。政府可以通过财政补贴、税收优惠、基金支持等方式，引导和推动农业企业进行管理创新，在农产品生产的研究设计、试验、物流运输、市场调研、营销策划等诸多环节，将一些非核心的生产性服务环节外包化，交由专门的生产性服务部门，充分发挥生产性服务业对农业的关联溢出，不断提升农产品附加值，从而更好地发挥比较优势，形成新的业务增长点，推动农业发展服务化。二是坚持市场竞争理念，积极消除生产性服务业支农溢出的体制性障碍。政府目前应该积极推动生产性服务业体制改革，打破阻碍生产性服务业与农业融合发展的人为因素。推进生产性服务业

和农业互动的资源配置向市场化方式转变，加大生产性服务业对农业领域的开放力度，充分提高市场竞争程度。三是大力扶持和发展生产性服务业与农业相结合的交叉产业，鼓励农业部门与生产性服务业部门进行外包合作，加强在商务服务、物流服务、科研服务、金融服务等诸多领域融合的同时，要大力发展农业生产托管、绿色生产技术、农业市场信息等内涵丰富、形式多样的农业生产性服务业新业态，政府应积极引导农业生产性服务要素市场建设，加大对农业生产性服务企业税费、人才、融资、土地等要素需求方面的政策支持力度，为农业生产性服务业的发展营造良好的发展环境，进而为农业的高质量发展和现代化进程持续注入新的活力。

8.2.2　采用增长优先、集聚次之的产业融合策略

本书研究表明，生产性服务业规模增长和产业集聚均是推动农业全要素生产率增长的重要手段，同时生产性服务业支农的规模效应明显高于集聚效应，这些发现对新时代下我国通过大力发展生产性服务业促进农业高质量发展提供了一定的启迪。首先，我们必须清晰地认识到现阶段我国大力发展生产性服务业对农业全要素生产率是大有裨益的，且生产性服务业的空间集聚和规模增长对农业发展的重要作用均不可忽视，这也表明了近年来国家通过生产性服务业促进农业发展的政策是富有成效的，也是科学的。新时代下政府应不断加快生产性服务业发展，加强对生产性服务业的支持力度，建设高质量的现代化生产性服务业体系，既要注重促进生产性服务业空间集聚又要持续加快其规模水平提升，合理引导生产性服务业服务于农业经济发展，深入推动生产性服务业与农业各个领域的深度融合。其次，要意识到生产性服务业规模增长和空间集聚对农业全要素生产率的促进效应存在一定差

异，即生产性服务业规模增长对农业发展的积极影响要明显高于空间集聚的作用。总体看来，现阶段生产性服务业支农的主要突破口在于通过持续提升生产性服务业规模，即全国层面应采取"增长优先、集聚次之"的生产性服务业发展策略，更加注重充分发挥生产性服务业规模增长的比较溢出优势，进一步释放生产性服务业增长对农业生产率的溢出红利，从而最大限度地推动农业的高质量发展。最后，现阶段生产性服务业主要是通过影响农业技术进步来促进全要素生产率增长的，而其对农业技术效率的影响则产生了一定的"拖累效应"，这预示着当前应积极推动生产性服务业服务于农业技术研发、革新、升级和扩散等诸多环节，持续强化生产性服务业发展的农业技术进步效应，但同时也要注重提升农业资源的配置水平和利用效率，尽可能弱化或扭转生产性服务业支农的负面效应。

8.2.3　搭建生产性服务业与农业的互动平台

生产性服务业与农业真正实现更高水平上的深度融合，离不开搭建推动二者深度融合的互动平台作为支撑。这其中，解决信息沟通和交流的渠道问题是最为关键的，即搭建生产性服务业与农业发展互动的信息交流平台。信息交流平台应以互联网为依托、政府为主导、产业为主体，通过持续和广泛收集信息、分析信息、整合信息和输出信息等为农业和生产性服务业的融合发展提供智力支持。信息交流平台应涵盖生产性服务业和农业的多个细分领域，在互利共享的原则上，最大限度地为生产性服务业和农业发展提供便捷、真实、有效的信息，使二者在互动交流中受益。信息交流平台是一个复杂的系统工程，要在做好规划、试点的同时，由政府通过合理的运行机制和保障措施促进平台的顺利实施，从而有效降低农业经营风险和交易的成本，避免资源浪费，优化农业资源配置；与此同时，推动生产性服务业和农业融合的中介服务平台也不可或缺，中介服务平台应满足为生产性服务业和农业做好资源对接，为融合过程中的生产、运营、投融资等提供一揽子咨询服务业，产业融合发展起到方向性和策略性的指导作用。一方面，中介服务平台应对产业融合过程中的资源和生产要素资源整合提供指导，尽可能消除中间环节的无谓损失；另一方面，应通过自身在数据收集分析、方案设计等方面的优势，提供适合产业融合的合理方案或合作方式，为供需双方创造不断优化的服务质量与服务价值。搭建有效的中介服务平台能有效推动生产性服务业和农业之间实现良性互动，进而推动农业高质量发展。

8.2.4 优化生产性服务业与农业的融合环境

生产性服务业与农业的融合会受到制度、人才等方面的约束。对于制度的约束，一方面应对原有的生产性服务业支农的政策进行优化，并出台更有针对性、更加细化地推动生产性服务业与农业有机融合的政策，比如新金融对农业发展的支持政策，物流业对农业发展的扶持政策，互联网＋农业的支持政策等，为生产性服务业和农业的融合提供政策保障机制。另一方面应减少融合领域、项目中的行政审批环节，提高市场监管效率，营造开放公平、高效有序的市场竞争环境，尤其是要消除地区约束和障碍，允许生产性服务业机构尽可能自由地进入地区农业市场，促进生产要素自由和快速流动，降低产业间的交流成本，促进产业间的良性互动发展，激发各类融合主体的市场竞争活力；对于人才的约束，农业和生产性服务业的有机融合发展离不开高素质的专业人才，加快人才储备和专业人才培育，构建人才激励和流转机制是推动产业融合的智力保障。国家应引导高校和科研机构加大生产性服务业和农业领域的综合性人才培育力度，面向市场办教育，设立交叉领域的相关专业，为产业融合提供人力支持。同时，也应鼓励融合领域推动产学研协作，加强从业人员培训，建立科学的激励机制，不断提高从业者的工作能力和素质，进而为生产性服务业与农业融合的长效发展提供技术支持。

8.3　构建动态化、差异化的政策支撑体系

8.3.1　实施动态化的生产性服务业支农政策

本书研究发现，生产性服务业对农业全要素生产率影响不是简单的线性关联，而是非线性动态的。生产性服务业集聚对农业全要素生产率有着正向且边际效率递减的非线性特征，这表明适度的生产性服务业集聚对农业全要素生产率增长的积极影响是明显的。因此，应有选择性和有针对性地实施阶段性的产业发展和扶持政策，即在生产性服务业支农的不同情形下应体现出产业政策的异质性；同时，全国和不同区域均应结合自身生产性服务业聚集的实际对产业政策进行适时优化和动态校准，实施阶段性、滚动化的产业政策，处于高生产性服务业集聚区的省份应尽力规避生产性服务业集聚效应的弱化现象，而处于低生产性服务业集聚区的省份应积极发挥后发优势，深化生产性服务业支农的深度和广度，使得生产性服务业真正成为农业高质量发展的重要动力。进一步地，如何较好地规避生产性服务业集聚对农业全要素生产率边际效应递减现象是一个值得深思的难题，本书发现提升农户经营规模可以有效克服生产性服务业支农过程中存在的边际递减效应。因此，新时期政府应加快推进集体经营、家庭经营、企业经营和合作经营等多种经营方式积极培育新型农业经营主体，也要注重适度提升土地经营规模，不断提高资源利用率和土地产出

率，鼓励引导承包农户采用出租、转包、转让及入股方式创新土地流转方式，加快农业生产的产业化、机械化和智能化进程，注重引导农业发展的规模化经营，从而尽可能地释放农户经营规模提升对生产性服务业支农的重要影响。

与产业集聚不同，生产性服务业增长对农业全要素生产率具有正向边际效应递增的动态影响，这表明随着生产性服务业增长规模的提升，其对农业全要素生产率的正向外部性溢出是不断强化的。这给我们的启示在于，既要充分认识到生产性服务业增长对农业高质量发展的积极影响，也要注意到这种积极影响具有动态强化特征，即高规模生产性服务业对农业全要素生产率改善的积极贡献，不同省市应注重不断提升自身生产性服务业增长水平，使其早日迈进最有利于促进农业全要素生产率增长的水平区间，这也从动态角度印证了生产性服务业支农过程中"增长优先、集聚次之"策略的合理性。与此同时，生产性服务业增长与集聚交互支农的考察表明，只有生产性服务业规模增长到一定程度时，才会最大限度地驱动生产性服务业集聚对农业全要素生产率的积极影响。集聚效应的发挥需要一定的生产性服务业增长水平作为条件，意味着在生产性服务业发达地区可考虑采用生产性服务业增长和集聚双提升的策略，而在生产性服务业水平较低的地区则应着重以提升规模水平为主。从另一个角度看，较低的生产性服务业集聚水平更有利于生产性服务业增长对农业全要素生产率的积极影响，这意味着过高的生产性服务业集聚可能会在一定程度上弱化生产性服务业增长的规模溢出效果，这也与农业不同于制造业发展的特点和实际相吻合的，因此，对大多数地区而言，推动生产性服务业集聚虽对农业高质量发展有益，但影响程度也具有限制，应动态处理好生产性服务业增长和集聚的动态交互关联。

8.3.2　实施差异化的生产性服务业支农政策

总体来看，现阶段生产性服务业支农的主要突破口在于通过持续提升生产性服务业规模，即全国层面应采取"规模优先、集聚次之"的生产性服务业发展策略，更加注重充分发挥生产性服务业规模增长的比较溢出优势。但这一情况在不同地区和不同行业是有差异的，意味着生产性服务业支农政策的实施应因地制宜、注重差异化。从区域层面看，不同区域在制定生产性服务业支农政策时，应该注意到二者之间关联的空间异质性现象。在农村固定资产投资强度较低、工业化程度较低、农村生产性基础设施水平较高的地区，政府应坚持"空间集聚"优先、"规模提升"次之的生产性服务业发展策略，着重以空间集聚为突破口促进该类地区生产性服务业与农业的深度融合，进而最大限度地发挥生产性服务业对上述地区农业全要素生产率的驱动效应，这与全国总体层面的发展策略是存在差异的。而在农村固定资产投资强度较高、工业化程度较高、农村生产性基础设施水平较低的地区，政府则应采取"规模提升"优先、"空间集聚"次之的生产性服务业发展策略，以规模提升为突破口推动该类区域生产性服务业与农业的深度融合，进一步通过大力发展生产性服务业有效驱动农业的供给侧结构性改革和高质量发展。从行业层面看，不同的生产性服务业细分产业对农业的影响效果也是大有差异的，应意识到生产性服务业支农政策的结构异质性现象。现阶段应优先鼓励和支持水利、环境和公共设施管理业，金融业，交通运输、仓储和邮政业，科学研究、技术服务业等细分产业对农业高质量发展的支持，大力扶植农业与上述产业领域内的交叉产业和新业态，持续发挥这些行业通过规模提升促进农业全要素生产率的"比较优势"。对于生产性服务业集聚而言，并不是所有生产性服务业细分产业集聚都有利于全要素生产率增长，应重点推动水利、环境和公共设施管理业，金融业，科学研究、技术服务业和地质勘查业的空间集聚，节省支农成本；而对于交通运输、仓储和邮政业，租赁和商务服务业的发展则不宜过于集中，以弱化甚至消除其对农业全要素生产率的消极影响。

8.3.3　考虑到生产性服务业支农政策的约束化

本书的研究还发现，生产性服务业对农业全要素生产率的影响存在动态约束机制，尤其应重视农户经营规模、城市化水平和城乡收入差距等因素对生产性服务业支农的异质约束和调节，这意味着生产性服务业支农过程不是一个完全封闭的动态演变系统。除了考虑产业集聚和产业增长的交互影响外，还应充分考虑到其他外部因素的影响，如果忽视外部因素的调节约束则会导致生产性服务业对农业全要素生产率积极影响评估出现偏差。因此，不同地区应着力加强保障体系建设，尤其是广大中西部地区的省份，在通过生产性服务业支持农业高质量发展过程中应充分考虑农户经营规模、城市化进程和城乡收入差距等因素，积极发挥政策组合的叠加效应。在农户经营规模调节下，不论是生产性服务业集聚抑或增长对农业全要素生产率均具有正向且边际效率递增的非线性影响，新时代下应持续提升农户经营规模、促进农业规模化生产，从而促进生产性服务业的支农溢出效应。在城市化约束下，基于产业增长和集聚的双重角度均印证了更高的城市化水平更有利于生产性服务业的支农溢出，这意味着不同省市在推动生产性服务业和农业协调发展时，应充分意识到城市化进程为二者融合带来的好处，且在城市化水平高的地区更应该利用好这一积极影响。在城乡收入差距约束下，只有城乡收入差距缩小到一定程度时，才能有效释放生产性服务业集聚的支农溢出，也只有在较低的城乡收入差距水平下，才能更有利于生产性服务业增长对农业全要素生产率的积极影响。因此，生产性服务业与农业的深度融合，不应仅仅关注产业政策方面，还应在缩小城乡收入差距上下功夫，注重生产性服务业支农政策与精准扶贫、乡村振兴等政策的结合，发挥政策的组合效应，从而最大化地提升生产性服务业支农的溢出效果。

8.4　本章小结

通过对生产性服务业影响农业全要素生产率的理论分析和实证检验，结合我国生产性服务业和农业发展的实际，本章从三个方面提出了相关政策建议，即加快提高全要素生产率，深入推动生产性服务业和农业的深度融合，构建动态化、差异化的政策支撑体系等对策。这些政策建议对新时代下我国深入推动生产性服务业与农业的协调发展，尤其是对如何通过推动生产性服务业在农业生产中的深入渗透，提升农业全要素生产率提供了理论支撑和现实依据，并对生产性服务业支农过程中可能存在的一系列问题提出了相应的思路和方法，具有较强的理论与现实价值。

结束语

在当前国家大力发展生产性服务业、深入推进农业供给侧结构性改革的现实背景下，如何更好地利用生产性服务业提高农业全要素生产率，有效实现生产性服务业与农业更高水平的有机融合，已成为亟待解决的现实问题。为探寻生产性服务业驱动中国农业全要素生产率提升的理论与现实依据，本书基于产业集聚和产业增长的双重视角，较为系统地对生产性服务业影响农业全要素生产率的理论机理进行了探讨，并结合中国生产性服务业和农业发展的实际，对生产性服务业与农业全要素生产率之间的总体关联、结构关联和动态关联关系进行了较为深入的考察。通过较为系统的研究，本书主要得到以下结论：

第一，在生产性服务业发展的事实特征研究方面发现：中国生产性服务业规模和集聚水平均表现出一定的增长态势，且具有明显的结构异质性和地区不平衡特征，生产性服务业发展的区域差异总体呈扩大趋势。在中国农业全要素生产率测度、分解以及变动趋势方面考察发现：加入世界贸易组织以来，中国农业全要素生产率水平和农业技术进步在总体上表现为明显的波动增长，而农业技术效率表现出了波动下降趋势；从增长动力看，技术进步是农业全要素生产率增长的主要动力，而技术效率则对农业全要素生产率产生了一定的"拖累效应"；从发展模式看，农业全要素生产率增长表现为，技术进步和技术效率共同驱动型、纯粹技术进步驱动型、技术进步驱动技术效率抑制型三种类型；从区域层面看，东部地区、中部地区和西部地区的农业全要素生产率均保持了明显的增长态势，且总体表现为东部地区＞西部地区＞全国＞中部地区；从改善幅度看，中部地区最为明显，西部地区次之，东部地区改善幅度最小；从变动趋势看，全国及三大地区农业全要素生产率、技术效率、技术进步均存在明显的 σ 收敛、绝对 β 收敛和条件 β 收敛，这表明只要能够提供趋同所需要的条件，落后地区或省份就有可能在农业生产率的增长速度上赶超领先区域或省份，进而实现农业的协调发展。

第二，在生产性服务业影响农业全要素生产的总体效应方面考察发现：无论是生产性服务业集聚抑或生产性服务业规模增长，均显著地推动了农业全要素生产率水平的提升，且这种积极影响存在一定的"滞后效应"，已成为当前推动农业高质量发展的重要动力。从驱动效果看，生产性服务业规模增长对农业全要素生产率的积极影响明显强于生产性服务业集聚；生产性服务业集聚和增长主要通过推动农业技术进步来提升农业全要素生产率，其对农业技术效率则产生了不同程度的抑制作用；生产性服务业发展对农业全要素生产率的影响具有显著的空间异质性，在农村固定资产投资强度较低、工业化程度较低、农村生产性基础设施水平较高的地区，生产性服务业集聚对农业全要素生产率的促进作用更为明显，而在农村固定资产投资强度较高、工业化程度较高、农村生产性基础设施水平较低的地区，生产性服务业规模增长对农业全要素生产率的积极影响更大。

第三，在生产性服务业影响农业全要素生产的结构效应方面考察发现，生产性服务业增长对农业全要素生产率产生了显著的积极影响，但在不同行业间存在显著的异质结构效应，即水利、环境和公共设施管理业，金融业，交通运输、仓储和邮政业，科学研究、技术服务业等细分产业增长对农业全要素生产率的促进作用明显，而批发零售业，租赁和商务服务业增长则对农业全要素生产率积极影响相对有限；生产性服务业集聚对农业全要素生产率影响的异质"结构效应"显著，并不是所有生产性服务业细分产业集聚都有利于全要素生产率增长，仅水利、环境和公共设施管理业，金融业两个生产性服务业细分产业对农业全要素生产率具有积极影响，其他产业的积极影响并不明显，而交通运输、仓储和邮政业，租赁和商务服务业集聚甚至对全要素生产率产生了消极影响；不同生产性服务业增长对农业全要素生产率的影响均具有一定的"滞后效应"，支农的积极溢出效应依然存在；生产性服务业集聚对农业全要素生产率的"滞后效应"具有异质特征，在滞后一期的情形下，仅水利、环境和公共设施管理业，金融业集聚对农业全要素生产率具有积极影响，而在滞后两期的情形下，科学研究、技术服务业和地质勘查业集聚也对农业全要素生产率产生了显著的积极影响。

第四，在生产性服务业支农的动态效应方面考察发现，生产性服务业集聚对农业全要素生产率有着正向且边际效率递减的非线性特征，其对农业技术进步和农业技术效率的影响分别具有显著的正向且边际效率递减和不显著的倒 N 形非线性规律；生产性服务业增长对农业全要素生产率的影响表现为正向且边际效率递增的非线性特征，其对农业技术效率和农业技术进步的影响分别表现为倒 U 形和非正向且边际效率递增的线性特征；生产性服务业对农业全要素生产率的影响存在显著的动态交互效应。在生产性服务业增长门槛条件下，生产性服务业集聚的支农溢出呈现出显著的 U 形规律，即只有当生产性服务业规模增长到一定程度时，才会最大限度地发挥支农溢出效果。在生产性服务业集聚的门槛条件下，生产性服务业增长对农业全要素生产率的影响存在正向且边际效率递减特征，即较低的生产性服务业集聚水平更有利于提升生产性服务业增长的支农溢出效用。

　　第五，在生产性服务业影响农业全要素生产的约束效应方面考察发现，提升农户经营规模能有效规避生产性服务业集聚支农溢出的边际递减效应，还可明显强化生产性服务业增长对农业全要素生产率的积极影响。在农户经营规模约束下，生产性服务业集聚和生产性服务业增长均对农业全要素生产率具有正向且边际效率递增的非线性影响；在城市化约束下，生产性服务业集聚、生产性服务业增长分别对农业全要素生产率产生了显著的 U 形和正向且边际效率递增的非线性特征，即更高的城市化水平更有利于生产性服务业的支农溢出；在城乡收入差距约束下，生产性服务业集聚对农业全要素生产率的影响则存在倒 U 形特征，生产性服务业增长则对农业全要素生产率产生了显著的正向且边际效率递减影响，即只有城乡收入差距缩小到一定程度时，才能有效释放生产性服务业集聚的支农溢出，也只有在较低的城乡收入差距水平下，才能更有利于生产性服务业增长对农业全要素生产率的积极影响。

参考文献

[1] 陈凯，刘煜寒．中外农业生产服务业发展状况的比较分析
——基于投入产出表的实证研究［J］．经济问题，2014，
5：92–97．

[2] 陈明，李文秀．生产服务业开放对中国农业生产率的影响
［J］．华南农业大学学报（社会科学版），2018，17（5）：
12–23．

[3] 陈文新，韩春燕，潘明明，王帅．西北五省生产性服务业全
要素生产率测度及空间差异性研究［J］．商业时代，2014
（35）：140–142．

[4] 陈卫平．中国农业生产率增长、技术进步与效率变化：
1990—2003 年［J］．中国农村观察，2006（1）：18–23．

[5] 陈艳董，王二龙．要素市场扭曲、双重抑制与中国生产性服
务业全要素生产率：基于中介效应模型的实证研究［J］．南
开经济研究，2013（5）：71–82．

[6] 邓晓兰，鄢伟波．农村基础设施对农业全要素生产率的影响
研究［J］．财贸研究，2018（4）：36–45．

[7] 董欢．我国农业生产性服务业发展的若干思考［J］．农村经
济，2013，6：112–115．

[8] 杜江．中国农业全要素生产率增长及其时空分异［J］．科研
管理，2015，35（5）：87–98．

[9] 付明辉，祁春节．要素禀赋、技术进步偏向与农业全要素生

产率增长——基于 28 个国家的比较分析 [J]. 中国农村经济，2016（12）：76 – 90.

[10] 高帆. 我国区域农业全要素生产率的演变趋势与影响因素——基于省际面板数据的实证分析 [J]. 数量经济技术经济研究，2015（5）：3 – 19.

[11] 葛鹏飞，王颂吉，黄秀路. 中国农业绿色全要素生产率测算 [J]. 中国人口·资源与环境，2018，28（5）：66 – 74.

[12] 龚晶，张峻峰. 以现代服务业引领现代农业发展的理论框架 [J]. 江苏农业科学，2014，42（11）：479 – 482.

[13] 郭家堂，骆品亮. 互联网对中国全要素生产率有促进作用吗？ [J]. 管理世界，2016（10）：34 – 49.

[14] 郭军华，李帮义. 区域农业全要素生产率测算及其收敛分析 [J]. 系统工程，2009（12）：31 – 37.

[15] 郭素芳，刘琳琳. 要素整合与农业经济增长动力转换——基于农业全要素生产率视角 [J]. 天津师范大学学报（社会科学版），2017（1）：65 – 69.

[16] 韩德超，张建华. 中国生产性服务业发展的影响因素研究 [J]. 管理科学，2008（6）：81 – 87.

[17] 韩峰，谢锐. 生产性服务业集聚降低碳排放了吗？ ——对我国地级及以上城市面板数据的空间计量分析 [J]. 数量经济技术经济研究，2017（9）：40 – 58.

[18] 韩海彬，张莉. 农业信息化对农业全要素生产率增长的门槛效应分析 [J]. 中国农村经济，2015（8）：11 – 21.

[19] 韩坚，尹国俊. 农业生产性服务业：提高农业生产效率的新途径 [J]. 学术交流，2006（11）：107 – 110.

[20] 韩坚，宋言奇. 生产性服务业的演进过程及其启示 [J]. 社会科学家，2007（5）：84 – 87.

［21］郝爱民．农业生产性服务业外溢效应和溢出渠道研究［J］．中南财经政法大学学报，2013，6：51－59．

［22］郝爱民．提升农业生产性服务业外溢效应的路径选择［J］．农业现代化研究，2015，36（4）：580－584．

［23］郝爱民．农业生产性服务业对农业的外溢效应与条件研究［J］．南方经济，2013（5）：38－48．

［24］郝爱民．农业生产性服务业对农业技术进步贡献的影响［J］．华南农业大学学报（社会科学版），2015，14（1）：8－15．

［25］郝一帆，王征兵．生产性服务业能提升中国农业全要素生产率吗？［J］．学习与实践，2018（9）：39－50．

［26］郝一帆，王征兵．生产性服务业集聚有助于农业高质量增长吗？［J］．人文杂志，2019（5）：54－61．

［27］胡铭．我国生产性服务业与农业协同发展效应研究［J］．农业经济问题，2013（12）：25－30．

［28］胡亦琴，王洪远．现代服务业与农业耦合发展路径选择——以浙江省为例［J］．农业技术经济，2014（4）：25－33．

［29］黄莉芳，黄良文．基于随机前沿模型的中国生产性服务业技术效率测算及影响因素探讨［J］．数量经济技术经济研究，2011，（6）：120－132．

［30］黄少安，孙圣民，宫明波．中国土地产权制度对农业经济增长的影响——对1948—1978年中国大陆农业生产效率的实证分析［J］．中国社会科学，2005（3）：38－47．

［31］惠炜，韩先锋．生产性服务业集聚促进了地区劳动生产率吗？［J］．数量经济技术经济研究，2016（10）：37－56．

［32］贾敬敦，张虹，张玉玺，张鹏毅．以生产性服务业引领现代农业发展［N］．科技日报，2012－07－23．

［33］金怀玉，管利荣．中国农业全要素生产率测算及影响因素分

析［J］．西北农林科技大学学报（社会科学版），2013
（2）：29－36．

［34］景守武，夏咏，陈红红，冯海瑞．我国现代服务业和农业的耦
合发展评价［J］．贵州农业科学，2015，43（3）：227－232．

［35］金晓雨．中国生产性服务业发展与城市生产率研究［J］．产
业经济研究，2015（6）：32－41．

［36］亢霞，刘秀梅．我国粮食生产的技术效率分析——基于随机
前沿分析方法［J］．中国农村观察，2005（4）：25－32．

［37］匡远凤．技术效率、技术进步、要素积累与中国农业经济增
长［J］．数量经济技术经济研究，2012（1）：3－18．

［38］兰晓红．农业生产性服务业与农业、农民收入的互动关系研
究［J］．农业经济，2015（4）：41－43．

［39］李谷成．技术效率，技术进步与中国农业生产率增长［J］．
经济评论，2009（1）：60－68．

［40］李谷成，冯中朝．中国农业全要素生产率增长：技术推进抑
或效率驱动——一项基于随机前沿生产函数的行业比较研究
［J］．农业技术经济，2010（5）：4－14．

［41］李谷成．中国农业的绿色生产率革命：1978—2008年［J］．
经济学（季刊），2014，13（2）：537－558．

［42］李谷成．资本深化、人地比例与中国农业生产率增长——一个
生产函数分析框架［J］．中国农村经济，2015（1）：14－30．

［43］李谷成．中国农业生产率增长的地区差距与收敛性分析
［J］．产业经济研究，2009（2）：41－48．

［44］李冠霖．第三产业投入产出分析［M］．北京：中国物价出
版社，2002．

［45］李江帆，蓝文妍，朱胜勇．第三产业生产服务：概念与趋势
分析［J］．经济学家，2014（1）：56－64．

［46］李静，孟令杰．中国农业生产率的变动与分解分析 1978—
　　　2004 年——基于非参数的 HMB 生产率指数的实证研究
　　　［J］．数量经济技术经济研究，2006（5）：11－19.

［47］李平，付一夫，张艳芳．生产性服务业能成为中国经济高质
　　　量增长新动能吗［J］．中国工业经济，2017（12）：5－21.

［48］李启平．生产性服务业与农业的互动发展：基于投入产出表
　　　的分析［J］．科技进步与对策，2009，26（13）：73－75.

［49］李士梅，尹希文．中国农村劳动力转移对农业全要素生产率
　　　的影响分析［J］．农业技术经济，2017（9）：4－13.

［50］李雪松，冉光和．财政分权、农业经济增长与城乡收入差距
　　　［J］．农业技术经济，2013（1）：86－94.

［51］梁红艳．中国城市群生产性服务业分布动态、差异分解与收
　　　敛性［J］．数量经济技术经济研究，2018（12）：40－60.

［52］刘重．现代生产性服务业与经济增长［J］．天津社会科学，
　　　2006（2）：89－92.

［53］刘婷，吴洁．湖南省现代服务业发展因素实证研究［J］．经
　　　济地理，2010（3）：466－471.

［54］刘奕，夏杰长．以服务业促进农业现代化：思路之辨与路径
　　　选择［J］．宏观经济研究，2014（5）：11－18.

［55］刘奕，夏杰长，李垚．生产性服务业集聚与制造业升级
　　　［J］．中国工业经济，2017（7）：24－42.

［56］刘朝，韩先锋，宋文飞．环境规制强度与外商直接投资的互
　　　动机制［J］．统计研究，2014（5）：32－40.

［57］于斌斌．生产性服务业集聚能提高制造业生产率吗？——基
　　　于行业、地区和城市异质性视角的分析［J］．南开经济研
　　　究，2017（2）：112－132.

［58］刘中艳，李明．生产性服务业运营效率测度及其影响因素实

证分析——以湖南省为例［J］．求索，2013（6）：15－18.

[59] 芦千文，姜长云．农业生产性服务业发展模式和产业属性
［J］．江汉论坛，2017（2）：44－49.

[60] 潘锦云，汪时珍．现代服务业改造传统农业的理论和实证研
究［J］．经济学家，2011（12）：40－47.

[61] 潘锦云，杨国才．现代服务业诱致农业增长方式转变——基
于农业信贷影响农业总产出的视角［J］．江汉论坛，2013
（10）：24－29.

[62] 潘正，王晓飞．农业与生产性服务业互动关系的实证研究
——以广东为例［J］．广东农业科学，2011（9）：
164－166.

[63] 曲昊月．生产性服务业与农业关联性研究——以美国为例
［J］．安徽商贸职业技术学院学报，2015，14（4）：
12－15.

[64] 全炯振．中国农业全要素生产率增长的实证分析：1978—2007
年［J］．中国农村经济，2009（9）：36－47.

[65] 沈飞．农业生产性服务业对农业技术外溢及空间差异研究
［J］．湖北农业科学，2015（7）：1755－1760.

[66] 沈能．局域知识溢出和生产性服务业空间集聚——基于中国
城市数据的空间计量分析［J］．科学学与科学技术管理，
2013（5）：61－69.

[67] 沈能．环境效率、行业异质性与最优规制强度——中国工业
行业面板数据的非线性检验［J］．中国工业经济，2012
（3）：56－68.

[68] 石伟文．西部地区贸易便利化进程评估及其经济增长效应
［J］．改革，2018（7）：127－136.

[69] 宋科艳，曹明福．转型时期中国农业生产效率及其影响因素

研究 [J]. 财经问题研究, 2014 (8): 118 – 124.

[70] 谭洪波, 郑江淮. 中国经济高速增长与服务业滞后并存之谜——基于部门全要素生产率的研究 [J]. 中国工业经济, 2012 (9): 5 – 17.

[71] 唐晓华, 张欣钰, 李阳. 中国制造业与生产性服务业动态协调发展实证研究 [J]. 经济研究, 2018 (3): 79 – 93.

[72] 田家林, 黄涛珍. DEA 和 TOBIT 模型的生产性服务业效率研究 [J]. 求索, 2010 (11): 11 – 13.

[73] 汪辉平, 王增涛, 王美霞. FDI 对中国农业全要素生产率的空间溢出效应 [J]. 西北农林科技大学学报 (社会科学版), 2017, 17 (1): 123 – 129.

[74] 王美霞. 中国生产性服务业细分行业全要素生产率异质性与影响因素研究 [J]. 经济经纬, 2013 (3): 75 – 79.

[75] 王美霞, 樊秀峰, 宋爽. 中国省会城市生产性服务业全要素生产率增长及收敛性分析 [J]. 当代经济科学, 2013 (7): 102 – 111.

[76] 王耀中, 江茜. 生产性服务业对农业现代化效率的影响 [J]. 商业研究, 2016 (1): 22 – 30.

[77] 魏修建, 李思霖. 我国生产性服务业与农业生产效率提升的关系研究——基于 DEA 和面板数据的实证分析 [J]. 经济经纬, 2015 (3): 23 – 27.

[78] 杨子晖, 田磊. "污染天堂" 假说与影响因素的中国省际研究 [J]. 世界经济, 2017 (5): 148 – 172.

[79] 温涛, 张梓榆. 中国金融产业对农业与非农产业发展作用的比较研究 [J]. 农业技术经济, 2017 (4): 46 – 59.

[80] 吴清华, 冯中朝, 何红英. 农村基础设施对农业生产率的影响: 基于要素投入的视角 [J]. 系统工程理论与实践,

2015，35（12）：3164 – 3170.

[81] 吴晓云．我国各省区生产性服务业效率测度——基于 DEA 模型的实证分析 [J]．山西财经大学学报，2010，32（6）：72 – 77.

[82] 吴智刚，段杰，阎小培．广东省生产性服务业的发展与空间差异研究 [J]．华南师范大学学报（自然科学版），2003（8）：131 – 139.

[83] 肖文，殷宝庆．垂直专业化的技术进步效应——基于 27 个制造行业面板数据的实证分析 [J]．科学学研究，2011，29（3）：382 – 389.

[84] 徐建国，张勋．农业生产率进步、劳动力转移与工农业联动发展 [J]．管理世界，2016（7）：76 – 97.

[85] 徐盈之，赵明．中国信息服务业全要素生产率变动的区域差异与趋同分析 [J]．数量经济技术经济研究，2009（10）：49 – 60.

[86] 宣烨，余泳泽．生产性服务业层级分工对制造业效率提升的影响——基于长三角地区 38 个城市的经验分析 [J]．产业经济研究，2014（3）：1 – 10.

[87] 宣烨，余泳泽．生产性服务业集聚对制造业企业全要素生产率提升研究——来自 230 个城市微观企业的证据 [J]．数量经济技术经济研究，2017（2）：89 – 104.

[88] 杨杰．中国生产性服务业与农业效率提升的关系研究——基于 Malmquist 指数中国省级面板数据的实证分析 [J]．山东经济，2010（5）：29 – 34.

[89] 尹超静，李谷成，贺亚亚．农业全要素生产率的地区差距及其增长分布的动态演进——基于非参数估计方法的实证研究 [J]．华中农业大学学报（社会科学版），2016（2）：

38 - 47.

[90] 尹朝静，李谷成，范丽霞，高雪．气候变化、科技存量与农业生产率增长 [J]．中国农村经济，2016（5）：16 - 28.

[91] 尹朝静．科研投入、人力资本与农业全要素生产率 [J]．华南农业大学学报（社会科学版），2017（5）：27 - 35.

[92] 尹雷，沈毅．农村金融发展对中国农业全要素生产率的影响：是技术进步还是技术效率——基于省级动态面板数据的 GMM 估计 [J]．财贸研究，2014（2）：32 - 40.

[93] 尹朝静．科研投入、人力资本与农业全要素生产率 [J]．华南农业大学学报（社会科学版），2017，16（3）：27 - 35.

[94] 袁丹，雷宏振，黄雯，何媛．我国生产性服务业全要素生产率的异质性及收敛性分析 [J]．软科学，2015（6）：24 - 27.

[95] 曾先峰，李国平．我国各地区的农业生产率与收敛：1980—2005 年 [J]．数量经济技术经济研究，2008（5）：81 - 92.

[96] 张海波，刘颖．我国粮食主产省农业全要素生产率实证分析 [J]．华中农业大学学报（社会科学版），2011（5）：35 - 39.

[97] 张海涛．供给侧改革视角下农业生产性服务业发展研究 [J]．哈尔滨职业技术学院学报，2016（6）：82 - 84.

[98] 张海霞，韩佩珺．农业全要素生产率测度及收敛性分析——基于 Hicks-Moorsteen 指数 [J]．农村经济，2009（6）：56 - 61.

[99] 张浩然．生产性服务业集聚与城市经济绩效——基于行业和地区异质性视角的分析 [J]．财经研究，2015（3）：67 - 77.

[100] 张红宇，张涛，孙秀艳，杨春悦．农业大县如何发展农业

生产性服务业——四川省的调研与思考［J］. 农业经济问题，2015（12）：11－16.

［101］张虎，韩爱华. 中国城市制造业与生产性服务业规模分布的空间特征研究［J］. 数量经济技术经济研究，2018（9）：96－109.

［102］张虎，韩爱华. 制造业与生产性服务业耦合能否促进空间协调——基于285个城市数据的检验［J］. 统计研究，2019（1）：39－40.

［103］张乐，曹静. 中国农业全要素生产率增长：配置效率变化的引入——基于随机前沿生产函数法的实证分析［J］. 中国农村经济，2013（3）：4－15.

［104］张振刚，陈志明，林春培. 农业生产性服务业模式研究——以广东农业专业镇为例［J］. 农业经济问题，2011，9：35－42.

［105］张自然. 考虑人力资本的中国生产性服务业的技术进步［J］. 经济学（季刊），2010（1）：153－168.

［106］赵洪斌. 改革开放以来中国农业技术进步率演进的研究［J］. 财经研究，2004（4）：91－110.

［107］赵芝俊，张社梅. 近20年中国农业技术进步贡献率的变动趋势［J］. 中国农村经济，2006（4）：4－12.

［108］周端明. 技术进步、技术效率与中国农业生产率增长［J］. 数量经济技术经济研究，2009（12）：70－82.

［109］朱晶，晋乐. 农业基础设施、粮食生产成本与国际竞争力——基于全要素生产率的实证检验［J］. 农业技术经济，2017（10）：14－24.

［110］朱涛. 生产性服务业对农业外溢渠道机理及模型分析［J］. 中州大学学报，2017，34（3）：22－27.

［111］朱喜，史清华，盖庆恩．要素配置扭曲与农业全要素生产率［J］．经济研究，2011（5）：86－98.

［112］Alan Macpherson. Producer service linkages and industrial innovation: results of a twelve－year tracking study of New York state manufacturers［J］. Growth and change, 2008, （3）39: 1－23.

［113］Alston, J. M., Andersen, M. A., James, J. S. and Pardey P. G. Persistence Pays: U. S. Agricultural Productivity Growth and the Benefits from Public R&D Spending［M］. Springer, New York, 2011.

［114］Antonelli, C. and Quatraro, F. The Effects of Biased Technological Change on Total Factor Productivity: Empirical Evidence from a Sample of OECD Countries［J］. Journal of Technology Transfer, 2008, 35（4）: 361－383.

［115］Bailly A S. Producer Services Research in Europe［J］. The Professional Geographer, 1995, 47（1）: 70－74.

［116］Barro, R. J. & Sala－i－Martin, Xavier, Technological Diffusion, Convergence, and Growth［J］. Journal of Economic Growth, 1997（1）: 1－26.

［117］Beyers. Services: Business demand rival consumer demanding driving growth［J］. Monthly Labor Review, 1993（4）.

［118］Bhagwati, J. N. Splintering and Disembodiment of Services and Developing Countries［J］. The World Economy, 1984, 7（2）: 133－143.

［119］Boris E. Bravo－Ureta. Research, Extension, and Information: Key Inputs in Agricultural Productivity Growth［J］. The Pakistan Development Review, 2002（1）: 443－473.

［120］ Browning, H. C. and Singelman. The Emergence of a Service Society ［J］. Springfield, 1975 (8): 76 – 80.

［121］ Browing & Singelman. The Emergence of a Service Society ［M］. New York: Springfield, 1975, 33 – 37.

［122］ Bryson, J. R. , Taylor, M. and Daniels, P. W. Commercializing Creative Expertise: Business and Professional Services and Regional Economic Development in the West Midlands, UK ［J］. Politics and Policy, 2008, 36 (2): 306 – 328.

［123］ Butzer, R. , Mundlak, Y. and Larson, D. F. Measures of Fixed Capital in Agriculture ［R］. World Bank Policy Research Working Paper No. 5472, The World Bank, 2010.

［124］ CAVES, D. W. , CHRISTENSEN, L. R. DIEWERT, W. E. The Economic Theory of Index Numbers and the Measurement of Input, Output and Productivity ［J］. Econometrica, 1982, 50 (6): 1393 – 1414.

［125］ Chen P C, Yu M M, Chang C C et al. Total Factor Productivity Growth in China's Agricultural Sector ［J］. China Economic Review, 2008, 19 (4): 580 – 593.

［126］ Ciccone A. , Hall E. Productivity and the Destiny of Economic Activity ［J］. American Economic Review, 1996 (1): 54 – 70.

［127］ Daniels P. W. Services Industries: A Geographical Appraisal ［M］. London Methuen, 1985.

［128］ De Brauw, Alan, Huang J K et al. The Evolution of China Rural Labor Markets during the Reforms ［J］. Journal of Comparative Economics, 2002, 30 (2): 329 – 353.

［129］ Desmet, K. , and M. Fafchamps. Changes in the Spatial Concentration of Employment across US Counties: A Sectoral Analysis 1972 – 2000 ［J］. Journal of Economic Geography, 2005, 5 (3): 261 – 284.

［130］ Fan S G, Zhang X B. Production and Productivity Growth in Chinese Agriculture: New National and Regional Measures ［J］. Economic Development and Cultural Change, 2002, 50 (4): 819 – 838.

［131］ Fan S, Zhang X. Infrastructure and regional economic development in rural China ［J］. China Economic Review, 2004, 15: 203 – 214.

［132］ Fare R., Grosskopf S., Norris M., Zhang Z. Productivity growth, technical progress, and efficiency changes in industrialised countries ［J］. American Economic Review, 1994, (84): 66 – 84.

［133］ Farrell M. J. The measurement of production efficiency ［J］. Journal of Royal Statistical Society, 1957 (120): 253 – 281.

［134］ Gerson Feder. On Exports and Economic Growth ［J］. Journal of Development Economics, 1982 (12): 59 – 73.

［135］ Francois, J., and J. Woerz. Producer Services, Manufacturing Linkages, and Trade ［J］. Social Science Electronic Publishing, 2008, 8 (3 – 4): 199 – 229.

［136］ Greenfield, H. Maupower and the Growth of Producer Services ［M］. New York: Columbia University Press, 1966, 53 – 58.

［137］ Greiner, A. and Kauermann, G. Debt Policy in EuroArea Countries: Evidence for Germany and Italy Using Penalized Spiine Smoothing ［J］. Economic Modelling, 2008, 25 (2): 1144 – 1154.

［138］ Grubel Michael Walker. Services and the Changing Economic

Structure ［C］. Services in World Economics Growth Symposium Institute, 1988.

［139］ Guerrieri P. and Meliciani V. International Competitiveness in Producer Services ［R］. Paper Presented at the SETI Meeting Rome, 2003, 115 – 119.

［140］ Hansen, B. E. Threshold Effect in Non – dynamic Panels: Estimation, Testing, and Inference ［J］. Journal of Econometrics, 1999, 93 (2): 345 – 368.

［141］ Hansen, B. E. Sample Splitting and Threshold Estimation ［J］. Econometrica, 2000, 68 (3): 575 – 603.

［142］ Hansen N. The Strategic Role of Producer Services in Regional Development ［J］. International Regional Science Review, 1994 (1 – 2): 976 – 988.

［143］ Harry H. Postner. Factor Content of Canadian International Trade: An Input – Output Analysis ［J］. Journal of International Economics, 1997 (2): 209 – 211.

［144］ Harrington J W. Producer services research in US regional studies ［J］. The professional geographer, 1995, 47 (1): 87 – 96.

［145］ Huffman, W. E. and Evenson, R. E. Do Formula or Competitive Grant Funds Have Greater Impacts on State Agricultural Productivity ［J］. American Journal of Agricultural Economics, 2006, 88 (4): 783 – 798.

［146］ Illeris S, Sjoholt P. The Nordic countries: High quality service in a low density environment ［J］. Progress in planning, 1995, 43 (2): 205 – 221.

［147］ Johnson D. G. Agriculture and the Wealth of Nations ［J］.

American Economic Review, 1997, 87 (2): 1 – 12.

[148] John A. Dutton. Opportunities and Priorities in A New Ear for Weather and Climate Service [J]. American Meteorological Society, 2002, (9): 1303 – 1311.

[149] Juleff Tranter L E. Advanced producer services: Just a service to manufacturing? [J]. Service Industries Journal, 1996, 16 (3): 389 – 400.

[150] Kenneth A. Reinert. Rural Conform Development: A Trade Theoretic View [J]. Journal of International Trade and Economic Development, 1998 (4): 1 – 17.

[151] Krugman P. Increasing Returns and Economic Geography [J]. Journal of Political Economy, 1991 (3): 483 – 499.

[152] Lin, JustinYifu. Development and transition: Idea, strategy, and viablibity [M]. Marshall Lectures, Cambridge University, forthcoming, 2007.

[153] Lucchetti, R., and G. Palomba. Nonlinear Adjustment in US Bond Yields: An Empirical Model with Conditional Heteroscedasticity [J]. Economic Modeling, 2009, 26 (3): 659 – 667.

[154] Machlup F. The Production and Distribution of Knowledge in the United States [M]. Princeton University Press, 1972.

[155] Machlup F. The Production and Distribution of Knowledge in the United States [M]. New Jersey: Princeton University Press, 1962: 44 – 46.

[156] Macpherson A. Producer service linkages and industrial innovation: results of a twelve – year tracking study of New York state manufacturers [J]. Growth and Change, 2008, 39 (1): 1 – 23.

[157] MALMQUIST, S. Index Numbers and Indifference Curves [J]. Trabajos de Estatistica, 1953 (4): 209 – 242.

[158] Mao, W., Koo, W. W. Productivity Growth, Technological Progress, and Efficiency Change in Chinese Agriculture after Rural Economic Reforms: A DEA Approach [J]. China Economic Review, 1997, 8 (2): 157 – 174.

[159] Marshall A. Principles of political economy [M]. Maxmillan, New York, 1890.

[160] Marshall J N, Damesick P, Wood P. Understanding the location and role of producer services in the United Kingdom [J]. Environment and Planning A, 1987, 19 (5): 575 – 595.

[161] Martin E. Adams, Vincent Ashworth, Philip Lawrence Raikes Agricultural supporting services for land reform [J]. The Land and Agriculture Policy Centre, 2011 (5): 49 – 59.

[162] McMillan J, Whalley J, Zhu L J. The Impact of China's Economic Reforms on Agricultural Productivity Growth [J]. The Journal of Political Economy, 1989, 97 (4): 781 – 807.

[163] Miller, S. M., Upadhyay, M. P. Total Factor Productivity and the Manufacturing Sectors in Industrialized and Development Countries [J]. Energy Policy, 2002, (19): 769 – 775.

[164] Mohan, G. Effects of Research and Development Expenditure and Climate Variability on Agricultural Productivity Growth in Ghana [J]. Journal of Disaster Research, 2014, 9 (4): 443 – 451.

[165] Moser C M, Barrett C B. The disappointing adoption dynamics of a yield-increasing, low externa-input technology: The case of SRI in Madagascar [J]. Agricultural Systems, 2003, 76

(3): 1085 - 1100.

[166] Nordas, H. K. Business Services: A Source of Comparative Advantage [R]. Paper Presented at the 13th Annual conference on Global Economic Analysis, Penang, Malaysia, 2010.

[167] Ning Wang, Naiqian Zhang, Maohua Wang. Wireless sensors in agriculture and food Industry—recent development and future perspective [J]. Computers and Electronics in Agriculture, 2005 (9): 1 - 13.

[168] Oliva, R. and Kallenberg, R. Managing the transition from products to services [J]. International Journal of Service Industry Management, 2003, 14 (2): 160 - 172.

[169] Panahi F, Ziaeemehr M. Identifying of Barriers of the Private Sector in Providing Agricultural Services to Producers in Agricultural Sector in Khuzestan Province in Iran, Application of Factor Analysis [J]. Cumhuriyet Science Journal, 2015, 36 (3): 614 - 620.

[170] Paolo Guerrieria & Valentina Meliciani, Technology and international competitiveness: The interdependence between manufacturing and producer services [J]. Sichuan: Structural Change and Economic Dynamics, 2005, 11 (4): 489 - 502.

[171] Postner H. Harry. Problems of Identifying and Measuring Intermediate (Producer) Services in the Compilation and Use of Input-Output Tables [J]. Review of Income and Wealth, 1982, 28 (2): 217 - 241.

[172] Porter M E. The Competitive Advantage of Nations [M]. New York: Macmillan, 1990.

[173] Qi, Y. , and Y. Liu. Industrial Spatial Structure and Evolution

of Producer Services and Manufacturing [J]. Metallurgical and Mining Industry, 2015 (3): 127 – 135.

[174] Ragasa C, Golan J. The role of rural producer organizations for agricultural service provision in fragile states [J]. Agricultural Economics, 2014, 45 (5): 537 – 553.

[175] Rakotoarisoa M A. The impact of agricultural policy distortions on the productivity gap: Evidence from rice production [J]. Food Policy, 2011, 36 (2): 147 – 157.

[176] Salim, R. A. and Islam, N. : Exploring the Impact of R&D and Climate Change on Agricultural Productivity Growth: The Case of Western Australia [J]. Australian Journal of Agricultural Resource Economics, 2010, 54 (4): 561 – 582.

[177] Shearmur R, Doloreux D. Urban Hierarchy or Local Bazz High-Order Producer Service and Knowledge-Intensive Business Service Location in Canada: 1991 – 2001 [J]. The Professional Geographer, 2008, 60 (3): 333 – 355.

[178] Slesen, H. W. and Isaksen, A. New Perspectives on Knowledge-intensive Services and Innovation, Geografiska Annaler: Series B [J]. Human Geography, 2007, 89 (1): 45 – 58.

[179] Solow R. M. A contribution to the theory of economic growth [J]. The quarterly journal of economics. 1956, 70 (1): 65 – 94.

[180] Thirtle C. , Irz X, Mckenzie Hill et al. Relationship between Changes in Agricultural Productivity and the Incidence of Poverty in Developing Countries [M]. London: Department for International Development, 2001.

[181] Timmer, M. P. , Dietzenbacher, E. , Los, B. , Stehrer, R. and de Vries, G. J. : An Illustrated User Guide to the World Input-

Output Database: the Case of Global Automotive Production [J]. Review of International Economics, 2015, 23 (3): 575 –605.

[182] Taylor P. J. Specification of the world city network [J]. Geographical Analysis, 2001, 33 (2): 181 –194.

[183] Taylor P. J., Ni P. F., Derudder B., Hoyler M., Huang J., Witlox. Global Urban Analysis: A Survey of Cities in Globalization [M]. Earthscan, 2011.

[184] Wrichard GOE. Factors Associated with the Development of Nonmetropolitan Growth Nodes in Producer Services Industries, 1980 –1990 [J]. Rural Sociology, 2002 (3): 416 –441.

[185] Weber. The Theory of the Location of Industries [M]. The University of Chicago Press, Chicago & London, 1965.

[186] Wen G J. Total Factor Productivity Change in China's Farming Sector: 1952 –1989 [J]. Economic Development and Cultural Change, 1993, 42 (1): 1 –41.

[187] Wong, Lung Fai. Agricultural Productivity in the Socialist Countries [M]. Westview Press, Boulder, CO, 1986.

[188] Wood, P. Urban Development and Knowledge-intensive Business Services: Too Many Unanswered Questions [J]. Growth and Change, 2006, 37 (3): 335 –361.

[189] Xu Y F. Agricultural Productivity in China [J]. China Economic Review, 1999 (10): 108 –121.

[190] Yin C., Huang, N. Y. Spatial Differences in the Development Level of Agricultural Producer Services in China [J]. Asian Agricultural Research, 2018, 10 (6): 1 –7.

[191] YANG Z X, HU Y D. Research on the influence mechanism of rural labor transfer on the development of agricultural producer serv-

ices ［J］. Commercial Time, 2014, 33 (27): 126 – 128.

［192］ ZHU T., CHEN M. An empirical analysis of the spillover effect of modern service industry on agriculture ［J］. Forestry Economics, 2015, 37 (11): 106 – 109.

［193］ Zhao, W., and W. Zhang. Producers Service Improvements and Manufacturing Agglomeration When Taking Trade Costs As a Mediator Variable: Mechanism and Evidence from China ［R］. RIETI Discussion Paper Series, 2012.

后　记

本书虽然从省际角度探讨了生产性服务业发展对中国农业全要素生产率的影响，探索了生产性服务业支农的理论机理及影响效应，得出了一些有益结论，但科研是一个反复论证、优化和修改的过程，受限于时间和精力，本书的整个研究仍存在一些不足之处，主要表现在：

第一，研究数据可以进一步细化和拓展。本书主要采用省际面板数据分析了生产性服务业对农业全要素生产率的影响，揭示其潜在的总体效应、结构效应和动态效应，未来有必要收集"一带一路"国家层面、地市级层面的宏观数据，以及上市企业层面的微观数据进行研究，并尝试将几类面板数据兼顾起来，探索构建更为细致的、完善的生产性服务业支农溢出的分析框架。

第二，研究内容可以进一步拓展和丰富。本书基于产业集聚和产业增长的双重视角，着重分析了生产性服务业对农业全要素生产率及其构成的影响，在研究内容和视角上尚存在一些可以优化的空间：一是由于篇幅所限，本书主要反映了生产性服务业支农溢出的"本地效应"，并没有探索生产性服务业影响农业全要素生产率的"邻近效应"，即考察本地生产性服务业集聚或增长是否会对邻近地区产生溢出影响，未来可引进空间计量技术进一步对该问题进行探索。二是在生产性服务业支农溢出约束机制的影响因素识别方面，未来可以进一步拓展相关因素，以期为相关政策的制定提供更为全面、细致的启示。

第三，研究思路可以进一步拓展和深化。本书尚未尝试探索生产性服务业是否有助于缩小地区间的农业全要素生产率差距，目前也尚未有研究对该问题展开深入探讨，未来应进一步展开该方面的研究，探索生产性服务业在缩小农业全要素生产率差距是否依然具备威力。另外，本书并未探索生产性服务业与农业之间的互动关系，未来可采用PVAR、面板分布滞后模型等技术探索二者之间的动态互动机制。上述领域的分析，不仅能为生产性服务业支农研究提供坚实的支撑，更能为深入推动生产性服务业与农业实现更高水平上的有机融合进一步提供现实依据。

本书是在我的博士论文基础上进行了大量的内容修改和完善后完成的，获西安石油大学优秀学术著作出版基金资助，并得到了陕西（高校）油气资源经济管理研究中心、西安石油大学博士基础科研基金、教育部人文社会科学研究青年基金项目"乡村振兴战略背景下法人治理对农村信用社绩效的影响机理与优化路径研究"（2019/01 – 2021/01）等研究中心及项目经费资助。距离博士毕业半年后重新翻阅文稿不禁百感交集，思绪万千。故值此出版之际，将博士论文致谢照录如下，以作后记。在此衷心感谢我的恩师、家人、同学朋友们。你们的支持和鼓励我将铭记于心。

历时五载春秋，我的博士生活接近了尾声。每每回到西农的校园里，心里总是百感交集，既盼望可以早点结束全工全读的生活，也会潜滋暗长的害怕学生时代的彻底终结。人们常说，博士毕业就意味着你终于成了"人类认知边界的开拓者"。回首这五年多的博士生涯，我不禁心怀惶恐，毕竟自己做出的成果甚微，实忧担不起这样的重任。悠悠岁月，大浪淘沙，光阴筛选着每个人的记忆，也塑造着每个人的精神与情怀。转眼三十几载，我所有的人生感动与领悟，也都凝聚在这段漫漫而修远的求学之路上。酸甜苦辣，百感交集。无论有多艰难，我最终都选择了坚强，坚强并不是因为我自己有多强，而是，这一路上，一直有很多人持续或断续地给予我力量，教会我无数的道理。谢字太轻，无法承托我内心浓浓的感激，但我暂且也只能致谢——，聊表我心。

感谢我的博士导师王征兵教授。忆往昔，初涉科研之路，举步维艰，幸得恩师王征兵教授，发蒙启蔽，鱼渔双授，我才得以窥学术殿堂之一二。王征兵教授不仅是恩师，更是益友。他治学态度严谨敬业，对人真诚和蔼，遇事不急不躁，不仅为我树立了一个优秀科研工作者的典范，更在我迷茫焦虑之时为我点亮一盏灯塔。有很多人给予他不同的赞誉，但王老师给我的印象却是像张三丰一样擅长以柔克刚的一代宗师，他在潜移默化中教会了我遇事不要急躁，再困难的事都会有解决的办法。此间恩德，当结草衔环以报之。

感谢西农各位导师在读博及论文写作期间给予我的关心和支持。独学而无友，则孤陋而寡闻，念及同窗，共处数载。我要感谢我的同门及2014级的各位同学们，特别是张珩、袁雪霈等同学在论文资料整理收集、计量方法使用方面给予我的帮助与支持以及平时的学习生活中都给予了我莫大的关心和陪伴，因为常常不在学校，没有和你们有太长的接触时间，但你们从来没把我当成一个过客。同时，也要感谢工作单位西安石油大学的各位领导、老师、同事们给我莫大的支持和帮助：程永清副校长给我人生道路的指引，武晓朦老师在工作和学习中帮我做出的协调和安排，蒋华义老师给我的论文跨学科的启迪，高健磊、潘娜、宋振涛老师在工作上对我的人尽其用，谢谢人事处、教工部的所有同事们给我的查漏补缺。

感谢我的家人，尤其是我的母亲。家庭是我生命中最为坚强的动力和后盾，是无法替代的力量之源，是你们的理解和鼓励让我有信心和毅力完成学业。感谢我的爱犬维尼，无数个秉烛挑灯的夜晚，始终不离不弃在电脑桌脚下的陪伴。最后，我要感谢那个坚持不懈、一往无前的自己。沐前辈之精神，得众人之相助，更重要的是你的努力和奋斗，最终助你取得博士学位。希望你永葆少年情怀，永远眼里有光，心中有梦，未来有期。今后的日子里，当你迷茫无助彷徨害怕之时，请翻开这本博士论文，在这里，你还是那个坚持不懈、一往无前的少年。

郝一帆
二〇一九年十一月于长安杜回村